직장인을 위한 틈새 경매

하루 60분 투자로 월급보다 많은
임대수익을 올리는 직장인 경매 전략

직장인을 위한 틈새 경매

초판 1쇄 인쇄 2018년 9월 28일
초판 1쇄 발행 2018년 10월 05일

지은이 신동휴

발행인 백유미 조영석
발행처 (주)라온아시아
주소 서울시 서초구 효령로 34길 4, 프린스효령빌딩 5F

등록 2016년 7월 5일 제 2016-000141호
전화 070-7600-8230 **팩스** 070-4754-2473

값 14,500원
ISBN 979-11-89089-40-5 03320

이 도서의 국립중앙도서관 출판시도서목록(CIP)은 서지정보유통지원시스템 홈페이지(http://seoi.nl.go.
kr)와 국가자료공동목록시스템(http://www.nl.go.kr/kolisnet)에서 이용하실 수 있습니다. (CIP제어번
호 : CIP2018030448)

라온북은 독자 여러분의 소중한 원고를 기다리고 있습니다. (raonbook@raonasia.co.kr)

**하루 60분 투자로 월급보다 많은
임대수익을 올리는 직장인 경매 전략**

직장인을 위한
틈새경매

신동휴 지음

RAON
BOOK

내 삶을 바꾼 부동산 경매

대학에서 '부동산 경·공매 전문가 과정' 강의를 한다고 하면 사람들은 가장 먼저 "돈 많이 버셨나요?" "임대수익으로 얼마나 버세요?"라고 궁금해한다. 이 책을 집어 든 여러분도 '이 저자는 수익률이 높을까, 경매를 해서 돈을 얼마나 벌었을까'가 궁금할 것이다. 그런 분들을 위해 간단하게 말씀드리겠다. 내 평균 수익률은 1,500%이고, 현재 임대 부동산 20여 채를 짜임새 있게 관리하며 한 달에 직장인 월급의 2배 이상 임대수익을 올리고 있다. 수익률만 봐도 남부럽지 않은 경매 전문가라고 자신한다.

내 자랑을 하기 위해 경매 수익률을 밝힌 것은 아니다. 고용 불안정, 천정부지로 솟는 집값. 경제적인 어려움에 놓인 대한민국 20~30대 직장인에게 미래를 준비하는 대안으로 부동산 경매를 추천하기 위해서이다. 왜 경매일까? 내 집 마련의 꿈을 가장 효과적으로 이룰 수 있는 재테크 수단이기 때문이다.

　직장인들은 주위 사람들 조언만 듣고 재테크를 하는 경우가 많다. 어느 주식을 사서 얼마의 수익률을 보고 매도해서 얼마를 벌었으니 너도 해봐라 등등의 조언 아닌 조언을 듣고 실행하는 사람이 많다. 그런 사람은 남의 말을 잘 들어주는 민주적인 사람이 아니라 게으른 사람이다. 주식 전문가라는 사람도 주식 투자에서 큰 손실을 보고 손절매하는 경우가 많은데 하물며 주식을 잘 모르는 사람 공부하지 않는 사람이 기관 투자자, 주식 전문가를 이길 수 있을까? 전문가도 주식 시장의 흐름을 늘 정확히 읽고 매도와 매수 타이밍을 적시에 알아채는 것은 쉬운 일이 아닌데 말이다.

　여러분이 능동적으로 임한다면 재테크로 부동산 경매만 한 종목이 없다고 나는 자신한다. 경매는 중개인을 거치지 않고 내가 스스로 참가하고 권리분석, 임장 입찰 등 처음부터 끝(수익 창출)까지 관여할 수 있고 또 그래야 하기 때문에 믿을 수 있는 재테크 방법이다. 부동산 경매는 노력한 만큼 수익으로 보답받을 수 있다. 물론 경매를 하려면 어느 정도 공부가 필요하다.

　혹자는 법률을 몰라도 부동산 경매할 수 있다고 말한다. 그러나 경매는 기본적으로 법률에 의거해 진행되는 절차다. 최소한으로 필요한 법률은 알아야 하고 더 깊이 알수록 경매 세계의 새로운 지평이 보인다. 물론 처음부터 관련 법률을 모두 알아야 하는 것은 아니다. 입문할 때는 권리관계가 단순하고 안전한 부동산에 도전하는 것이 필요하다. 시간을 갖고 차차 알아가면 된다. 그렇게 부동산 경매 법률 용어를 내 언어로 이해하고 내 것으로 만들어가면서 경매 투자를 하다 보면 수익이라는 달콤한 열매를 딸 수 있게 될 것이다.

단, 경매로 일확천금을 꿈꾸지 말라. 나와 가족을 위해 투자한다는 마음가짐으로 임해야 한다. 그리고 무조건 잘될 것이라고 긍정적으로만 생각하는 것도 금물이다. 나 역시 경매에 입문하자마자 승승장구한 것은 아니다. 회사에서 주로 하는 일 중 하나가 문제가 생긴 채권 회수를 위한 부동산 경매였던 나도 회사 일로서가 아니라 개인적으로 시작한 경매 입찰에서 초기에 수차례 패찰했다. 내가 원래 하는 일이라고 쉽게 생각한 자만심이 패찰 원인임을 깨달았고, 그 후 나는 겸손한 마음으로 경매에 임했다. 부동산 정책과 시장 흐름, 지역 호재 등 다양한 변수를 바탕으로 어떤 부동산은 장기적으로 소유하기도 하고 어떤 부동산은 단기로 매매하면서 수익률을 관리한 결과 지금의 성공을 거둘 수 있었다.

나는 직장을 다니면서 개인적 차원에서 경매를 시작했다. 나처럼 직장생활을 하며 제2의 인생, 노후를 준비하고 싶은 이들을 위해 내 경험을 바탕으로 직장인이 틈새 시간을 활용할 수 있도록 이 책을 썼다.

경매에 대해 전혀 모르는 직장인을 위한 경매 입문서라는 콘셉트로 경매의 기본 개념 잡기, 5단계로 정리한 실전 경매, 부동산 경매의 성공과 실패 사례, 직장인이 틈새 시간을 활용하는 법, 경매를 둘러싼 법적 문제와 해결 방안, 틈새 경매 팁까지, 이 책 곳곳에 내가 20여 년간 쌓은 노하우를 아낌없이 담아냈다.

이 책은 혼자 읽는 것도 좋지만 친구나 애인, 배우자, 직장 동료들과 함께 읽고 서로 조력자가 되어 경매를 한다면 경매가 훨씬 재미있게 느껴지고, 적극적으로 경매에 참여하게 될 것이다. 그러면 자연스레 성공률도 높아질 것이다.

여러분의 삶이 경매로 활력이 넘치고, 더욱 윤택해지기를 바란다. 건투를 빈다.

2018년 10월 신동휴

3장

직장인을 위한 틈새 경매 전략

4장

투자 성공률을 높이는 실전 노하우

5장

5단계로 정복하는 실전 경매

1장

★ 월급보다 많은 수익 올리기, 꿈이 아니다

다 오르는데
월급만 안 오른다?

수많은 사람이 돈을 벌기 위해 회사에 취직해서 열심히 일하고 월급을 받아 살아간다. 그런데 직장에서 열심히 일해서 받는 월급 만으로는 경제적 자유는커녕 생활하기도 빠듯하다.

1인 가구로 나 혼자 살 경우 한 달에 219만 원 정도면 건강하고 정상적인 삶을 살 수 있다고 하는데(한국노총의 2018년 표준생계비 참고), 월급이 통장에 찍히면 얼마 지나지 않아 통장 잔고가 바닥나는 신 비한 경험을 우리는 매달 하고 있다. 결혼해도 맞벌이를 할 수밖에 없는 것이 현실이다.

사람들은 안정된 삶을 선호하게 마련이다. 전문직, 정규직, 평 생직, 공무원직 등 고용 불안을 겪지 않을 안정된 직장을 가지고 싶어 한다. 그리고 안정되게 살림을 꾸려가기 위해서는 자기 집이 있어야 한다. 그래서 내 집 마련은 직장인의 꿈이 되었다. 의식주 가운데 입는 것과 먹는 것은 마음만 먹으면 얼마든지 아낄 수 있다. 하지만 집은 그럴 수 없다. 돈의 단위 자체가 다르기 때문이다.

42년. 할머니나 할아버지가 태어난 연도를 말하는 것이 아니다. 2016년 기준으로 2030 세대가 서울에서 내 집을 마련하려면 42년이 걸린다는 자료가 발표되었다. 지금 서른 살인 사람은 일흔둘에 내 집을 마련할 수 있다는 이야기다. 집 하나 장만하는 데 평생이 걸리는 것이나 다름없다. 말도 안 되는 일 같지만 엄연한 현실이다. 이 냉혹한 현실을 모르는 사람은 별로 없을 것이다. 문제는 알면서도 어떻게 해볼 방법이 없다는 점이다.

20세기에는 비교적 내 집 마련이 쉬웠다. 직장에 꾸준히 다니다 보면 조금 더디더라도 승진을 하고, 근속연수가 길어짐에 따라 호봉도 올라간다. 맡은 일을 성실히 하고, 특별히 눈 밖에 나지만 않으면 한 직장에 계속 다닐 수 있었다. 비록 많지는 않지만 꼬박꼬박 들어오는 월급을 아껴서 저축한 돈으로 사글세에서 작은 전셋집으로, 좀 더 모아서 방 3개짜리 넓은 집으로 조금씩 넓혀나가다 어느 시점이 되면 융자를 조금 끼고 내 집 마련을 했다. 대부분의 직장인이 그랬다.

하지만 지금은 어떤가. 평생직장의 개념은 사라진 지 오래다. 불안정한 생활을 조금이나마 해소하기 위해 선택하는 것이 공무원이 되거나 투잡을 하거나 재테크에 몰두하는 것이다. 공무원이 된다고 해서 월급이 많은 것은 아니다. 퇴직 후 연금을 받을 수 있다는 장점 때문에 많은 젊은이들이 공무원이 되기 위해 올인하고 있다. 투잡은 어떤가? 직장에 다니면서 아르바이트를 병행하며 열심히 살면 돈은 벌겠지만 자칫 제대로 쉬지 못해 몸이 망가질 수 있다. 마지막으로 선택할 수 있는 방법이 재테크이다. 연봉이 높거나 공무원 연금을 받는 게 아닌 평범한 직장인이라면 내 집 마련을 위해서, 미래를 위해서 재테크는 선택이 아니라 필수이다.

그렇다면 직장인들은 어떤 재테크를 주로 하고 있을까? 직장인들이 가장 많이 하는 재테크는 예금과 적금이고 그 다음이 주식, 펀드이다. 요즘은 가상화폐에 투자하는 사람들도 늘어났다. 그런데 주식이나 가상화폐에 투자하는 경우 시세 동향을 확인하느라 인터넷을 너무 자주 들여다보게 된다. 그러다 보면 업무 집중도가 떨어지는 부작용이 있고, 수익률에 따라 널뛰는 감정을 다잡을 강력한 멘탈이 필요하다.

월급에 만족할 수도 없고 회사 문을 박차고 나갈 수도 없다면 직장인 신분으로 새로운 세계에 발을 들여놓는 것은 어떨까. 새로운 세계란 바로 부동산 경매이다. 과연 내가? 하루하루 일에 치여 사는 직장인인 내가 부동산 경매를 할 수 있을까?

할 수 있다. 아니, 해야만 한다. 바로 지금.

아무것도 하지 않으면 아무 일도 일어나지 않는다.

월급쟁이가 할 수 있는 최고의 재테크, 경매

당신 앞에 세 가지 갈림길이 있다면 어느 길로 들어서겠는가. 험난하지만 합격만 하면 안정된 직장을 얻는 길, 몸이 조금 힘들더라도 조금이나마 수입을 늘리는 길, 직장에 다니며 재테크를 하는 길. 선택은 자유이며 모든 책임은 당신의 몫이다.

나는 이 갈림길에서 재테크의 길로 들어섰다. 재테크에도 여러 길이 있다. 주식투자, 적금, 펀드, 부동산, 비트코인 등. 나는 20년 정도 채권 관리 쪽을 전담하면서 그 분야 전문가가 되었다. 그 경험을 바탕으로 내가 강력하게 추천하는 재테크는 바로 부동산 경매이다.

나는 스스로 판단하고 결정을 내려 결실을 맺을 수 있는 재테크를 해야 한다고 생각한다. 그래야만 소중한 종잣돈을 잃는 낭패는 보지 않는다. 그런 재테크가 바로 부동산 경매이다. 주식은 아무리

공부를 많이 해도 변수가 많아 성공을 보장하기가 어렵다. 주식 투자 전문가들도 큰 손해를 보는 경우가 다반사이고, 한순간에 휴짓조각이 되어 투자한 돈을 모두 날릴 수도 있다. 또 주식은 내 마음대로 값을 올리고 내리고 할 수 없다. 그만큼 리스크가 큰 것이다.

그러나 부동산 경매는 물리적 공간을 차지하고 있는 물건을 다룬다. 사라지지 않고 내 눈에 보이는 물건 말이다.

경매는 기본적으로 시세보다 싸게 사는 것이므로 부동산 가치를 제대로 평가할 줄 안다면 손해 볼 일이 거의 없다. 그렇다고 해서 경매 물건을 낙찰받기만 하면 무조건 수익이 난다는 뜻은 아니다. 여기서 핵심은 부동산의 가치를 '제대로 평가할 줄 안다'는 것이다. 무엇을 하든 지식과 경험을 쌓는 과정이 필요한데, 부동산 경매의 경우 그만큼 성과를 낼 수 있는 안정적인 재테크 수단이다.

경매에 들이는 시간과 노력이 공무원 시험 준비 시간, 한 달에 40만 원의 수입을 더 얻기 위해 투잡을 하는 시간, 주식이나 가상화폐 시세를 파악하느라 쏟는 시간보다 많을까, 아니면 그에 버금갈까? 절대 아니다. 훨씬 적은 시간과 노력으로도 그에 못지않은 성과를 거둘 수 있다. 부동산 경매 재테크가 경제적으로 훨씬 보장성이 있는 것이다.

나는 금융기관에서 20년 동안 채권 관련 업무를 하면서 수백 건의 경매를 진행해 보았다. 그 과정에서 쌓은 지식과 개인적으로 부동산 경매에 참여한 경험에 비춰 직장인에게 부동산 경매만 한 재테크가 없다고 확신한다. 나를 비롯해 지인들 중에는 직장 생활을 하면서 부동산 경매를 꾸준히 공부하고 익혀 여러 부동산을 낙찰받아 임대 또는 매각해서 경제적으로 여유롭게 생활하는 사람이 많다.

직장에 다니면서 경매에 뛰어들기는 어렵다고 생각할 수 있다. 본격적으로 매달려야 한다고 말이다. 하지만 내 경우에 비춰 봤을 때도 부동산 경매는 직장 생활을 하면서 입문하는 것이 현실적이다.

직장에 다니면서 경매 공부를 시작하고 실전에 뛰어들어 재테크에 성공한 사람들은 오히려 하나같이 직장을 그만두지 말라고 한다. 경매를 배워 2년 만에 월세 2천만 원, 30억대 부동산 재벌이 된 사람은 직장을 그만두고 본격적으로 부동산에 투자하면 어떻겠냐고 물어보는 사람들에게 절대 그러지 말라고 조언한다. 월급이 적든 많든 일정한 수입이 경매에 투자하는 데 큰 버팀목이 된다는 것이다. 경매 고수는 월급을 황금알을 낳는 거위에 비유한다. 매달 정기적으로 들어오는 월급은 부동산 경매에 도전할 수 있는 비빌 언덕이 된다. 그러니 절대 직장을 그만두지 말고 시간을 쪼개서 부동산을 공부하고 경매를 병행하라고 권하는 것이다.

직장에 다니면서 경매에 참가하면 또 한 가지 좋은 점이 있는데, 바로 대출이 좀 더 쉽다는 것이다. 100% 자기자본으로 경매에 참가하는 개인이나 법인은 거의 없다. 예컨대 사업을 할 때 자기자본 50억 원으로 사업해서 낸 수익보다 자기자본 50억 원에 남의 자본 50억 원을 더해 100억 원으로 낸 수익이 더 크고 자기자본이익률(자기자본에 대한 순이익의 비율)도 더 높다. 이렇게 은행 융자와 같이 남의 자본을 지렛대 삼아 자기자본이익률을 높이는 것이 레버리지(leverag), 우리말로 지렛대 효과라고 한다. 지렛대 효과는 경매에도 활용할 수 있다. 경매 물건을 매수할 때 대출을 끼는 것은 자기자본의 적고 많고의 문제가 아니다.

경매에 입찰할 때 필요한 초기 자본금은 법원에서 제시한 최저매각 가격의 10~30%에 해당하는 입찰보증금이다. 잔금은 대략한 달 뒤에 치른다. 이 잔금을 치르는 용도로 빌려주는 '경락잔금대출'이라는 제도가 있다. 대략 해당 경매 부동산의 낙찰 금액에서지역별 투기과열지역 여부 등에 따라서 최대 40~80%를 대출받을수 있다. 대출하려면 관련 서류가 있게 마련인데 그중 금액 증빙서류를 요구하는 경우가 많고 신용등급과 소득에 따라 대출금리가 달라진다. 직장에 다니면 소득원을 증명하기 쉽고 신용 면에서도 유리하다.

부동산 경매의
매력

'100% 수익, 2년 만에 30억 자산가······,' 부동산 경매의 성공 스토리를 부각하기 위해 흔히 사용되는 문구이다. 사람들은 이것이 자신과는 먼 일이라고 생각한다. 그러고는 '저거 다 믿을 수 있나? 저 사람이 운이 좋았겠지'라고 여긴다. 그러나 경매는 누구나 실천만 하면 100% 수익률부터 1,000% 이상의 수익률을 올릴 수 있다. 이게 현실이고 부동산 경매의 장점인 것이다. 나는 되도록 과장하지 않고 경험한 것을 있는 그대로 말하고자 한다.

첫째, 부동산 경매는 무엇보다 내 집 마련의 좋은 수단이다. 부모에게 물려받은 재산이 없다면 평범한 직장인이 내 집을 갖기란 매우 어렵다. 설령 자금이 여유롭더라도 자칫 시세보다 비싸게 사는 실수를 범하기 쉽다. 그런데 경매 공부를 통해 부동산을 보는 안목을 기르면 시세보다 싸게 내 집을 마련할 수 있다.

같은 브랜드의 같은 옷이나 신발 하나도 좀 더 싸게 구입하고자 인터넷 쇼핑몰을 검색하며 가격 비교를 하지 않는가. 점찍어둔 명품 가방을 손품, 발품 팔아 의외로 싸게 샀을 때 느끼는 보람이란 경험한 사람만이 알 것이다. 하물며 살면서 구매하는 물건 중 가장 비싼 것이 집인데 부동산 몇 군데 들르고 결정할 것인가.

비슷한 조건의 집이라면 가능한 싸게 사고 싶은 것이 인지상정이고, 그 방법 중 하나가 바로 부동산 경매이다. 알뜰하게 내 집 마련을 하는 것만큼 보람된 일도 없을 것이다. 시세보다 싸게 집을 산다면 부동산 경매에 쏟아부은 시간과 비용은 본전을 뽑고도 남는 셈이다. 이른바 '집테크'이다.

첫 입찰의 목표는 '내 집 마련'으로 세우기를 권한다. 내가 살 집이라면 경매에 참가하기 전에 해당 부동산을 최대한 꼼꼼하게 살피기 때문이다. 이런 태도는 임대수익이나 매각을 목적으로 경매에 응찰할 때도 마찬가지다. 내가 살고 싶어야 남도 살고 싶을 것이고, 그래야 임대수익이 안정적으로 보장되고 나중에 매각하기도 쉽다. 그런 만큼 부동산 가치도 제대로 파악하게 된다.

경매로 내 집을 마련하는 것은 돈 없는 사람들만의 이야기가 아니다. 우리나라 엔터테인먼트 시장을 양분하고 있는 유명 엔터테인먼트 회사의 회장은 아침마다 부동산 중개소로 출근하기를 몇 년, 자사의 최초 사옥을 경매로 낙찰받아 세웠는데, 10년이 지난 지금 시세가 다섯 배로 뛰었다. 가수로 출발해 결혼한 뒤 연기력까지 인정받는 배우로 거듭난 유명 연예인은 부동산 경매를 통해 청

담동에 보금자리를 마련했다. 이렇듯 부동산 경매는 돈의 규모를 떠나 가치가 동일한 부동산을 알뜰하게 소유하는 방법이다.

둘째, 부동산 경매는 직장 생활에서 비빌 언덕이라고 언급했는데, 그 반대가 되기도 한다. 즉 직장 생활을 하면서 부동산 경매를 통한 재테크가 비빌 언덕이 되는 것이다. 부동산 경매를 통해 여유 자금이 생기면 직장 생활에서의 고용 불안감을 줄일 수 있다. 한마디로 비빌 언덕이 있으면 다른 사람들보다 덜 불안한 것이다. 《나는 경매로 당당하게 사는 법을 배웠다》라는 책의 제목처럼 당당하게 직장 생활을 할 수 있다. "서는 데가 바뀌면 풍경도 달라지는 거야." 비정규직 해고 노동자의 이야기를 다룬 웹툰 〈송곳〉에 나온 명대사이다. 직장인으로서 직장을 바라볼 때와 직장인이자 임대 사업가로서 직장을 바라볼 때 그 지평이 다르다.

셋째, 부동산 경매를 하면 자연스레 부동산과 금융 정책에 관심을 갖게 된다. 부동산은 사람이 살아가는 데 기본적으로 필요한 의식주 가운데 하나이다. 한편으로 부동산은 자본주의 사회에서 부(富)를 축적하기 위한 막강한 수단이다.

재벌가를 비롯해 돈 좀 있다 하는 자산가들의 자산 구성에서 막대한 위치를 점하는 것이 부동산이다. 이렇듯 시민의 삶과 국가 경제에서 부동산이 미치는 영향이 크기 때문에 정부에서는 늘 부동산 시장의 흐름에 신경을 쓰지 않을 수 없다. 그만큼 규제하거나 완화하는 등 부동산 정책과 관련 법안이 수시로 바뀐다. 가치 있는 부동산에 입찰하려면 부동산, 금융 정책에 관심을 기울여야 하고 그러다 보면 국가 차원의 경제 흐름이 보이고, 그러다 보면 새로운 재테크 아이디어가 떠오를 수도 있다.

넷째, 직장에 다니면서 경매를 공부하고 경험을 쌓는 것은 한편으로 미래에 대한 투자이자 훌륭한 노후 대책이 될 수 있다. 내가 하는 경매 강좌 교육생 중에는 나이 드신 분이 의외로 많다. 정년 퇴직하고 그동안 모은 돈과 퇴직금을 종잣돈 삼아 경매에 투자하려는 것이다. 그러나 경매 하나에만 집중하기 때문에 빨리 성과를 보려고 하는 경향이 있다. 그 자체는 문제가 아니지만 자칫 부동산 가치를 제대로 평가하지 않고 성급하게 입찰에 나서면 낭패를 보기 쉽다. 그분들을 보면서 좀 더 젊을 때 경매에 입문해서 경험을 풍부하게 쌓으면 정년퇴직한 뒤 여유로운 시간을 무기 삼아 전국을 무대로 활약할 수 있지 않을까 하는 아쉬움이 든다. 조금이라도 더 건강하고 젊을 때 경매 재테크에 입문하자.

내가 경매를
시작하게 된 이유

경매 관련된 책을 읽다 보면 저자나 그 지인들이 경매로 집을 잃은 이야기가 심심찮게 나온다. 나 또한 그런 경험이 있다.

외환 위기가 닥친 이듬해인 1998년, 나는 막 군 복무를 마치고 대학 진학을 준비하기 위해 당시 대학생이던 둘째 형과 함께 살기 위해 전주로 갔다. 두 형제가 살 전셋집을 그해 2월에 800만 원에 구했다. 그런데 입주한 지 3개월밖에 지나지 않은 5월에 경매 안내장이 날아왔다. 우리 형제는 처음에 그것이 무엇인지 몰라 한참을 들여다봤다.

경매가 진행되는 동안 우리는 법무사와 변호사 사무실을 수시로 찾아다녔다. 그러나 명확한 답을 얻을 수 없었다. 상담을 거절당하기도 했고, 상담하는 곳마다 이야기가 달랐다. 어느 곳에서는 걱정하지 말라고 하고, 어느 곳에서는 일정액만 받을 수 있다고 하고, 또 어느 곳에서는 전액을 손해 본다고 했다. 전액을 손해 보다니 눈앞이 캄캄했다. 누구에게는 푼돈일지도 모르는 전세금 800만 원은 나와 어머니의 땀 자체였다.

전라도 조그만 면에서 나고 자란 나는 중학교 3학년 때부터 고등학교를 졸업할 때까지 우체국에서 아르바이트를 하며 돈도 벌고 사회 경험을 했다. 당시 우리 면 우체국에서는 일손이 달렸는지 직원들이 십시일반 돈을 모아 아르바이트 학생을 두었다. 아르바이트생은 청소도 하고 점심시간에 직원이 식사하러 자리를 비운 시간에 우표를 팔거나 하는 간단한 일을 했다. 밤에는 직원들이 돌아가며 숙직을 하는데 잠시 잠깐 빈자리를 메우는 것도 아르바이트생이 할 일이었다. 그 일을 하던 고등학교 1학년 형이 공부에 전념하기 위해 그만두면서 내가 그 자리에 들어가게 된 것이다.

나는 4년이 좀 안 되는 시간 동안 집, 학교, 우체국을 오가며 생활했다. 그동안 우체국에서 숙직하던 중 연탄가스를 맡아 병원에 실려 가면서 한 달가량 쉬기도 했다. 예닐곱 명 되는 직원 중 다섯 명이 일주일에 하루씩 돌아가며 숙직을 했다. 나는 매일 그들 중 한 명과 우체국에서 숙직을 했다. 학교가 끝나면 우체국으로 가서 우표를 팔고 우편물을 수거하고 급할 때는 빨간 자전거를 타고 전보를 전달하는 등 일손이 필요한 온갖 잔일을 했다. 내 손으로 우체국 셔터를 내리고, 당직자가 저녁을 먹고 오면 그제야 집에 가서 저녁을 먹고 다시 우체국에 가서 잠을 잤다. 아침에 일어나 우체국 청소를 하고 집에 가서 아침을 먹고 학교를 가는 생활이었다. 당시 내가 받은 아르바이트비는 한 달에 10만 원이었다. 연탄가스 사고 이후에는 조금 올라 15만 원을 받았다. 말이 아르바이트생이지 웬만한 직원 못지않게 일한 대가였다.

어머니는 내가 우체국에서 받은 월급을 한 푼도 쓰지 않고 차곡차곡 저금했다가 전셋집을 장만할 때 주었다. 그 돈도 모자라 어머니가 힘겹게 농사지어서 모은 돈을 보탠 것이었다. 내 힘으로 전세자금을 모았다는 사실이 뿌듯하고 스스로 대견스럽기도 했다. 그렇게 소중한 돈이 한순간 날아갈 수도 있다는 말을 들었을 때의 기분이란 겪어본 사람만이 알 것이다.

왜 그런 집을 계약했는지 자신을 원망했고, 나는 아무 잘못도 하지 않았는데 돈을 빼앗긴다고 생각하니 법이 원망스러웠다. 경매에 넘어간 그 집은 거듭 유찰되었는데 그런 만큼 우리 형제의 불안과 심리적 고통도 길었다.

그 집은 2년 만에 낙찰되었고 우리는 '최우선변제'로 500만 원을 손에 쥘 수 있었다. 누구는 그나마 다행이라고 말할지 모르나 한푼 두푼 모은 소중한 종잣돈을 잃고 보니 너무나 허망했다. 3년여의 세월이 무로 돌아가는 기분이었다. 결국 우리 형제는 다시 어머니의 도움으로 새 전셋집을 얻어 나갔는데, 그것이 더욱 마음 아팠다.

훗날 금융기관에 입사해서 대출 업무와 채권 관리 일을 배우고서야 깨달았다. 등기부등본만 확인했어도 2년 동안 속앓이를 하지 않았을 것을 말이다.

한 가지 소득이 있다면 전셋집이 경매로 넘어간 일을 겪으면서 나는 금융기관에 취업하기를 갈망했고 성공한 것이다. 금융기관에 오래 몸담으며 일적으로나 개인적으로 경매와 관련해 각종 행정 업무뿐 아니라 강제집행을 수행해야 했는데, 그와 관련한 법률 지식을 알려주는 사람은 아무도 없었다. 나 스스로 찾아서 공부해야 했고, 그렇게 쌓인 법률 지식을 바탕으로 경매에 실패하지 않을 수 있었다. 그 세월을 되새겨 보면 밤 12시에 퇴근하고 저녁도 굶어가면서 일을 했던 동안의 삶은 매일 같이 법률을 찾고, 각종 소송 자료의 증거를 찾는 데 힘쓴 시간이었으며, 이러한 업무적 지식 등은 내게 법률적인 큰 무기를 갖게 되었다.

2장

하루 60분
경매 공부로
부자가 되다

하루 60분만
투자하라

누구에게나 똑같이 하루 24시간이 주어지지만 얼마나 효율적으로 활용하는지는 사람에 따라 다르다. 부동산 경매를 위해 모자란 잠을 줄일 필요는 없다. 자투리 시간만 활용해도 충분히 경매 재테크를 할 수 있다.

부동산 경매에 투자하는 시간은 하루 60분, 즉 1시간이면 충분하다. 한 번에 60분을 할애해야 한다는 뜻이 아니다. 직장인들은 1시간도 개인 시간을 내기가 쉽지 않다. 그러므로 자투리 시간을 찾아보자. 아침에 15분, 점심에 15분, 저녁에 15분, 밤에 15분. 이렇게 15분씩 네 번을 나눠 쓰면 하루 60분이다. 또는 오전 30분, 오후 30분으로 나눌 수도 있다.

하루 24시간 중 1시간은 나를 위한 시간으로 만들 수 있다. 하루아침에 60분이 주어지기는 힘들 것이다. 처음에는 하루 15분 정도 조금씩 부동산 경매의 세계에 입문해 보자. 부동산 경매에 습관을 들인다는 마음으로 처음에는 시간을 짧게 잡고 차츰차츰 시간을 늘리는 것이다. 긍정적으로 생각해 보면 하루에 2시간을 낼 수도 있다.

하루 60분을 15분 단위 또는 30분 단위로 나눠서 쓰려면 짧고 굵은 목표를 세워야 한다. 목표가 확실하지 않으면 시간은 무의미하게 지나간다.

하루 15분은 무조건 부동산 관련 뉴스를 읽는 시간으로 정할 수도 있다. 정부의 부동산 정책에 언제나 귀를 열어놓는 것이다. 부동산의 '부' 자만 나오면 저절로 귀가 열리도록 말이다. 뉴스에서 부동산 관련 보도가 나오면 관련 기사를 검색해 본다. 처음에는 큰 글씨만 집중해서 읽어도 괜찮다. 이런 습관이 조금씩 몸에 배면 경제 신문으로 눈을 돌려보자. 또는 새로운 지역을 미리 탐색한다는 차원에서 지방자치단체와 통계청 홈페이지에서 교통과 일자리 등의 변화 자료를 찾아 내 것으로 만들어야 한다.

다음과 같은 방법으로 시간을 나눠서 써보자.

아침 15분 : 스마트폰으로 국토교통부, 관심 지역 지방자치단체 등에 들어가 보도자료를 살펴본다.
점심 15분 : 대법원 경매 사이트에서 관심 지역 경매 물건을 검색한다.
저녁 15분 : 점심이나 이동 시간에 검색한 경매 물건 자료를 검토한다.

밤 15분 : 오늘 검토한 자료를 자기 언어로 정리한다. 한글 프
로그램이나 워드프로세서 프로그램을 이용해도 좋
고 손으로 직접 써도 좋다. 자신에게 편한 방식으로
정리하면 된다.

이렇게 일주일 정도 해보면 좀 더 시간을 들여야 하는 항목이
눈에 들어올 것이다. 그런 항목은 일주일에 세 번 또는 네 번 시간
을 할애하는 것도 좋다. 중요한 것은 자기만의 방식을 터득해서 시
간을 활용하는 것이다.

직장 동료 중 한 명은 평일에는 일정에 따라 15분이나 30분 단
위로 시간을 쪼개서 쓰고, 토요일에도 평소처럼 오전 6시에 일어
나 평일에 살펴본 전체 자료를 1시간가량 검토하고 다음 주에 경
매와 관련해 할 일들을 계획했다. 평일에는 나무만 보기에도 바빠
서 이렇게 숲을 조망하는 시간도 필요하고, 다음 주를 계획하는 습
관도 중요하다. 물론 평일에 바쁘기는 해도 하루 정도는 시간을 낼
수 있게 마련이다. 일주일에 하루는 날을 잡아서 한 지역을 집중
적으로 검색하는데, 물건 검색하는 재미에 빠져 정말 시간 가는 줄
모른다고 했다.

시간을 활용하는 방법은 다양하다. 건강도 챙길 겸 가벼운 마
음으로 동네 한 바퀴를 산책하면서 부동산중개소 앞에 붙은 매물
시세를 살피는 것이다. 관심 있는 물건이 있다면 스마트폰으로 사

진을 찍고 그 집에 직접 가보는 것이 좋다.

집에 돌아와 인터넷 사이트에서 실제 물건을 검색하며 지역 시세와 비교해보자. 한 발 더 나아가 대법원 경매 정보 사이트나 유료 경매 정보 사이트에서 해당 지역의 경매 물건을 검색해서 감정가와 시세를 비교해 보고, 종결된 경매 물건이 얼마에 낙찰되었는지도 확인해 보자. 차후 응찰에서 유의미한 낙찰가를 산정하는 데도움이 될 것이다. 건강도 챙기고 경매 훈련도 하고 일석이조인셈이다.

사고 싶은 차를 마음에 품으면 어찌 된 일인지 도로에서 그 차만 보인다. 마찬가지로 경매를 마음에 품으면 세상이 경매를 기준으로 편집되어 다가올 것이다. 그러면 시간을 좀 더 창의적으로 활용하는 방법이 얼마든지 떠오른다.

경매,
사랑해야 보인다

경매에서 특별히 운이 좋은 사람은 있다. 입찰하는 부동산마다 낙찰받고, 매수하자마자 집값이 뛰고, 승승장구해서 짧은 시간에 몇억을 벌었느니, 수십 채로 얻는 임대 수입이 얼마라느니……. 그러나 매번 운이 따를 수는 없는 법이다. 경매는 복권이 아니다. 운도 아니요, 확률도 아니다. 뿌린 만큼 거두는 것이 경매이다. 경매 성공 스토리를 보면 마치 경매로 구입한 집 한 채로 일확천금을 얻을 수 있는 것 같은 착각을 불러일으킨다. 그러나 경매로 큰 이익을 보기까지 어느 만큼의 노력을 쏟았는지는 자기 자신만이 알 것이다. 다만 여느 재테크보다는 거둘 수 있는 과실이 크다. 이것이 경매를 추천하는 이유이기도 하다

부동산 경매를 하면서 월급보다 많은 임대수익을 올리거나, 1~2년 이내에 건물을 매각하여 매각차익을 올리는 것은 가능한 일

이다. 다만 이러한 재테크 목표를 달성하기 위해서는 경매에 관한 공부가 필요하다. 경매는 특성상 법률용어를 알아야 하고, 일반인이 익숙하지 내용들이 있다. 그러나 경매에 일단 익숙해지면 단 한 건의 경매를 해서 수익을 보게 되면, 그 사람은 경매의 매력에 빠지게 될 것이다.

• 긴 호흡으로 임하자

직장인이 경매를 하기는 전문가만큼 쉬운 일은 아니다. 경매 재테크를 제대로 하려면 공부도 열심히 해야 하고 발품도 팔아야 한다. 경매 물건의 가치를 분석해서 입찰할 만한 물건인지 직접 가서 살펴보고, 입찰하려면 법원도 가야 한다. 낙찰받은 부동산을 온전히 자기 소유로 만들기까지 신경 써야 할 것들이 많다. 경매 공부도 하지 않고 발품도 팔지 않으면서 성급하게 뛰어들어서는 안 된다는 뜻이다.

경매가 쉽다고 말하는 사람들도 있다. 그처럼 쉽게 집을 살 수 있는데 왜 모든 사람들이 뛰어들지 않을까? 경매는 결코 쉽지는 않다. 세상 모든 일이 그렇겠지만 무엇보다 경험을 쌓아야 한다.

"사랑하면 알게 되고, 알면 보이나니, 그때 보이는 것은 전과 같지 않으리라."

'아는 만큼 보인다'는 말은 경매 재테크에서도 유효하다. '재테크'라는 말은 '재무 테크놀로지'의 준말로, 본래의 의미는 기업이 고도의 테크닉으로 자금 조달이나 운용을 함으로써 금융 거래를 통해 이득을 꾀하는 일이다. 이는 곧 이득을 얻기 위해 운에 기대는 것이 아니라 '고도의 테크닉', 고도의 기술이나 능력이 필요하다는 뜻이다. 경매도 기본적으로 전문 지식과 경험을 쌓아야 성공할 수 있다. 경매를 하는 사람 중에 기본을 무시하는 사람들이 의외로 많다. 전문가의 조언에 귀 기울이지 않고 '부동산 경매, 별거 아니네' 하면서 큰돈을 벌기를 꿈꾼다. 그런 사람은 경매에서 실수하거나 손해 보기 쉽고 머지않아 포기한다.

경매로 큰돈을 벌고 싶다면 기본을 갈고닦는 것이 먼저이다. 기본에 충실하면 경매는 배신하지 않는다. 그러니 경매 재테크에 성공하려면 기본을 튼튼히 하고 경험을 쌓자. 그동안 무관심했던 것들에 눈을 돌려 새로움을 발견할 시간도 필요하다. 집과 직장이 있는 동네를 둘러본 다음 특별히 관심이 가는 지역을 선정해 두고, 정부의 부동산 정책도 꾸준히 살펴 그 흐름을 이해하자. 이렇게 계속 하면 부동산 흐름을 전망할 수 있는 수준에 이르게 된다. '민사집행법', '주택임대차보호법', '민법', '상가건물임대차보호법' 등 경매 관련 법률도 살펴봐야 한다.

이처럼 경매 재테크에서 성공하려면 차근차근 단계를 밟아나가야 한다. 그러므로 긴 호흡으로 차근차근 경매의 세계에 입문하기를 바란다. 그런 점에서 직장인은 경매를 하기에 더없이 좋은 조건을 가지고 있다.

• 욕심은 버리고 끈기를 갖자

나는 결혼을 하고 집 장만을 어떻게 할까 고민하던 끝에 개인적으로 경매를 시작했다. 금융기관에서 짧지 않은 재직 기간 동안 채권 관리 일을 해왔기 때문에 시세를 알아보고 권리분석을 하는 것은 어렵지 않았다. 그러나 처음으로 참여한 입찰에서 실패했다. 처음이니 그러려니 했다. 그런데 두 번, 세 번 연속으로 실패하자 자존심이 이만저만 구겨지는 것이 아니었다. '직장에서 처리한 경매 사건이 수백 건인데, 왜 안 되지?' 그렇지만 당시에는 경매 한번 해볼까 하는 가벼운 마음이었을 뿐 간절하지는 않았다. 그저 틈날 때 경매로 나온 부동산을 알아보고 관성적으로 입찰에 참여하기를 반복했다.

일곱 번째로 실패했을 때 비로소 나는 원인이 무엇인지 깨달았다. 사심이 컸던 것이다. 직장에서 경매 관련 업무를 하다 보니 낙찰받은 부동산을 이용해 몇 퍼센트의 수익을 내야 한다는 나름의 기준이 있었다. 그래서 남들보다 상대적으로 낮은 입찰 가격을 적어 냈는데, 그것이 실패의 원인이었다.

여덟 번째 응찰에는 전보다 신중하게 낙찰 희망가를 적어 냈고 마침내 성공했다. 경매에 처음 참여하고 6개월 만의 일이었다. 낙찰받은 아파트의 페인트칠은 내가 직접 하고 전문가의 도움을 받아 인테리어를 했다. 큰돈 들이지 않고 소박하게 단장하는 수준이었다. 그런데 몇 달 지나지 않아 아파트 가격이 수천만 원 올랐고 부동산 중개인이 매매를 권유하는 게 아닌가. 그때의 희열감과 성취감이란! 더구나 일곱 차례 시도 끝에 얻은 달콤한 열매라 더욱 성취감이 컸다. 내 노력이 결코 헛되지 않았다는 생각에 자부심까지 느꼈다. 그렇게 경매로 마련한 내 집에 지금도 살고 있다. 그 일로 나는 두 가지 교훈을 얻었다. 욕심내지 말 것과 오기와 끈기로 버틸 것.

좀 더 높은 수익을 얻고 싶은 욕심이 앞서면 입찰 희망가를 상대적으로 낮게 쓰게 되므로 낙찰받을 확률이 낮아진다. 반대로 낙찰받을 욕심에 입찰 희망가를 무조건 높게 쓰고 보는 것도 금물이다. 경매의 목적은 낙찰이 아니라 수익이다. 수익을 보려면 현재 또는 미래 시세보다 싸게 매수하는 것이 옳다.

일곱 번 실패하는 동안 어느 지점에서 응찰을 포기했다면 어떻게 되었을까? 여덟 번째에 찾아온 보람은 절대 경험하지 못했을 것이다. 몇 번 해보고 안 되면 말자는 생각으로는 아예 시작하지 않는 것이 낫다. 입찰에 실패해도 응찰하고 또 응찰해야 언젠가 기회가 온다.

경매의 첫걸음, 정보는 어디에서 얻을까?

무엇을 하든 '정보'가 생명이다. 인터넷 시대에 정보의 홍수 속에서 좋은 정보, 고급 정보, 나에게 도움이 되는 정보를 판별할 줄 알아야 한다. 말하자면 이용 가능한 정보를 잘 골라내고, 거짓 정보는 걸러내야 한다.

부동산은 분야별(전, 답, 아파트 등등), 시기별로 어떤 호재 요인이 있는지를 사전에 검토해야 한다. 또한 부동산 정책의 규제 또는 완화 등을 자세히 확인해서 투자금을 어떻게 마련할지를 생각해야 한다. 예를 들어 2017년 이전에 서울과 수도권에 있는 아파트는 이른바 갭투자(전세가와 매매가의 차이가 적은 주택을 매입한 뒤 단기간에 전세가를 올려 매매가 상승에 따른 시세 차익을 목적으로 하는 투자)를 많이 했다. 예를 들어 매매 가격 1억 원에 전세 가격 9천만 원이라면 자기자본 1천만 원과 취득세 비용만으로 1억 원짜리 아파트를 매입할 수 있다. 1~2년이 지나서 아파트 매매 가격이 1억 1천만~1억 2천만 원에 형성되고 전세 가격은 1억 원으로 올랐다. 아파트 매매가와 전세 가격이 꾸준히 오르는 시기(2010~2017년)에는 아파트 1채당 적게는 1~2천만 원 차익을 보고 매각하는 방식의 갭투자가 유행했다.

나 역시 스무 건 정도 갭투자를 한 뒤 매각하여 차익을 봤다. 다행히 내 예측이 맞아 투자금에 대한 손실이 없었지만, 더 높은 수익률을 올리려고 부동산을 계속 가지고 있었다면 정부의 부동산 규제 정책과 대출 규제, 부동산 가격 하락이라는 늪에서 헤어나오지 못했을 것이다.

부동산 경매와 관련한 수많은 정보 가운데 '핵정보'를 얻을 수 있는 사이트를 소개하겠다. 여기서 소개하는 사이트에만 집중에도 유용한 정보를 모을 수 있다. 인터넷 즐겨찾기에 '직장인 경매', '투잡 경매', '소확행 경매' 등과 같은 폴더를 만들어 관련 사이트를 모아두고 점심시간이나 주말, 출퇴근 시간에 자주 들여다봐라. 도움되는 정보를 얻을 수 있을 것이다.

1. 국토교통부(www.molit.go.kr)

부동산 관련 정책이 발표되면 가장 먼저 국토교통부 사이트에 들어가서 보도자료를 확인한다. 뉴스에 나온 정보는 곧이곧대로 믿지 않는다. 요즘은 워낙 가짜 뉴스도 많고 검증되지 않은 일명 '카더라' 통신이 넘쳐나기 때문이다. 귀하디귀한 내 돈으로 재테크를 한다면 뉴스만 보지 말고 직접 관련 행정부 사이트에 들어가서 정보를 확인하자. 부동산 시장은 정부 정책에 크게 영향을 받는 분야이기 때문이다. 국토교통부 사이트 메인 화면에서 '국토교통뉴스' 메뉴로 들어가면 국토도시, 주택토지, 건설, 교통물류, 항공, 도로철도 등에 관한 각종 보도자료와 참고·해명자료가 있다. 일주일에 한 번 정도 정기적으로 살펴보고, 부동산 정책과 관련된 기사가 쏟아지는 날에도 확인한다.

2. 국토교통부 실거래가 공개시스템(rt.molit.go.kr)

아파트, 다가구, 연립, 빌라, 다가구 주택의 실거래가를 조회할 수 있는 사이트이다. 지역별, 금액별, 면적별 통합 조회도 가능하다. 부동산 경매에서 중요한 일 중 하나가 입찰가를 산정하는 것이다. 입찰가를 잘못 산정하면 패찰을 맛보기도 하지만 더 큰 문제는 낙찰을 받고도 속이 쓰리고 앞날이 캄캄해진다. 입찰가를 높게 잡아 낙찰을 받을 수도 있기 때문이다. 입찰가를 산정하는 데 중요한 기준을 제공하는 사이트이다.

3. 금융감독원(www.fss.or.kr)

금융기관을 감독하는 기관으로 부동산 대출에 대한 정부의 입장이나 계획을 알 수 있다. 금융감독원 사이트에도 보도자료를 볼 수 있는 메뉴(메인 화면 상단의 '알림·소식')가 있으니 일주일에 한 번 정도 정기적으로 들어가서 확인하자. 금융감독원 사이트 메인 화면 상단의 '파인(fine.fss.or.kr)' 메뉴를 들어가면 금융과 관련된 각종 유용한 정보를 볼 수 있다.

4. 정부24(www.gov.kr)

대한민국 정부의 대표 포털 서비스로 주민등록등초본뿐 아니라 국세, 지방세 완납증명서, 건축물대장 등 다양한 서류를 열람하거나 발급할 수 있다. 주민등록, 건축물대장, 전입신고, 지방세납세, 토지대장, 세목별 증명, 토지이용계획, 지적도 등이 필요할 때 유용하다.

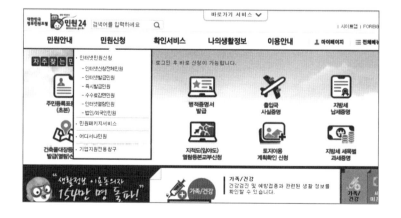

5. KB부동산 Liiv ON(리브온, nland.kbstar.com)

국토교통부 실거래가 공개 시스템과 함께 부동산 시세를 확인할 수 있다. KB부동산 Liiv ON에 올라온 시세는 보수적이니 국토교통부 실거래가 공개 시스템과 함께 비교해야 한다. 은행에서 아파트 담보대출을 취급할 때 기준이 된다. 관심 있는 지역의 부동산 시세가 궁금하다면 수시로 들어가서 시세를 확인하자.

6. 한국감정원(www.kab.co.kr)

부동산의 가격 공시 및 통계·정보 관리 업무와 부동산 시장 정책 지원 등을 위한 조사·관리 업무를 수행하는 곳으로 부동산 시장의 안정과 질서 유지를 목적으로 한다. 일주일에 한 번 정기적으로 들어가서 부동산 관련 정보를 살펴보자.

7. 대한민국법원 법원경매정보(www.courtauction.go.kr)

전국 법원에서 경매가 진행되는 물건의 일정과 진행 관련 정보

를 확인할 수 있다. 또한 감정평가서, 현황조서서, 매각물건 명세서 등을 열람 조회할 수 있다. 매일 수시로 들어가서 관심 지역의 경매 물건을 검색하고 좀 더 정보가 필요한 물건은 따로 기록을 남겨 정보를 보완하자.

8. 토지이용규제정보서비스(luris.molit.go.kr)

경매 물건을 선택했다면 반드시 토지이용규제정보서비스에 들어가 건축물 허가 여부, 제한 사항 등을 확인해야 한다. 토지가 아닌 아파트, 다세대주택 등 주택 물건을 입찰하려고 할 때도 이 서비스를 이용하자. 나는 관심 물건이 생기면 무조건 토지이용규제정보서비스에 들어가서 확인한다. 어떤 건물이든 토지를 기반으로 하기 때문에 토지에 대한 정보가 중요하다.

9. 온나라부동산정보 통합포털(www.onnara.go.kr)

국토교통부에서 운영하는 부동산 정보 포털사이트로 주소만 검색해도 지도, 면적, 토지 정보, 토지이용계획, 토지이용계획확인서 등 부동산 정보를 알 수 있다. 부동산 실거래가 조회, 분양 정보, 부동산 정책, 각종 통계 등을 살펴볼 수 있다.

10. 대법원 인터넷등기소(www.iros.go.kr)

인터넷으로 부동산등기부등본을 열람하고 발급할 수 있다. 먼저 내가 살고 있는 집의 부동산 등기부등본부터 열람해서 집의 권리관계를 확인해 보자. 관심 물건이 있다면 대법원 인터넷등기소에 접속해 부동산 등기부등본을 발급하자. 보통 등기부 등본을 열람을 하면 경매 진행 여부 및 경매 사건번호가 기입이 되기 때문에 경매에 있어서, 권리분석에 있어서 가장 기본이 되는 발급 서류라 할 수 있다. 또한 주택 임차인은 임대차 계약을 체결한 이후 인터넷 등기소 사이트를 통해 확정일자를 부여받을 수 있다. 과거에는 동사무소 등에서 확정일자를 받았으며, 혹여 확정일자를 부여 받은 임대차 계약서를 분실하는 경우에는 확정일자를 재발급해 주는 제도가 없어서 큰 불편을 겪었지만, 인터넷등기소에서 확정일자를 부여받게 되면 분실등의 위험 부담이 사라지고, 언제든 확정일자를 확인할 수 있기 때문에 주택 임대차를 맺는 임차인이라면 활용해보기를 권한다.

11. 통계청(kostat.go.kr)

각종 통계 자료를 찾아볼 수 있다. 관심 지역이 있다면 통계청 사이트에 들어가서 해당 지역에 관한 각종 통계 데이터를 확인하자. 통계청 자료에는 향후 인구에 대한 추계에 대한 분석, 연도별 1~2인 가구의 증가의 추이로 인한 주택의 소형 면적의 증가 등에 대한 통계, 각종 주택 유형별에 따른 공급 계획 등 이외에도 수많은 통계 유형에 대한 통계가 산출이 되기 때문에 투자 방향을 예측하는데 유리하다.

12. KB금융지주 경영연구소(www.kbfg.com/kbresearch/main.do)

KB금융지주 경영연구소 산하에 부동산 시장연구팀, 부동산금융연구팀이 있다. 부동산 시장연구팀은 부동산 시장을 전반적으로 모니터링하며 부동산 시장 전망과 주요 이슈 분석뿐 아니라 가계부채와 관련된 연구를 수행하고 있다. 부동산금융연구팀은 부동산

금융 상품과 서비스를 분석해 전략 수립 등을 연구하고 있다. 또한 부동산 통계 및 지수 개발을 지원한다. 일주일에 한 번 정기적으로 들어가서 관심 있는 부동산 정보를 확인하자.

13. 인터넷 카페(경매 커뮤니티)

포털사이트에는 부동산 관련 카페가 무수히 많다. 부동산 경매, 부동산 공매, 재건축, 빌라, 아파트, 상가, 오피스텔 등 주제별로 관심 있는 카페에 가입하면 다양한 정보를 많이 접할 수 있다. 투자를 권유하는 정보나 투자금을 모집하는 글은 아예 읽어보지 않는 것이 현명하다. 또한 정보를 판단할 수 있는 힘을 길러서 정보를 가릴 줄 알아야 한다. 그 힘을 기르려면 자투리 시간을 활용해 틈나는 대로 부동산 경매 공부를 해야 한다. 출석 체크한다는 마음으로 매일 시간이 날 때마다 카페에 방문해 실전 경험담, 최신 정보, 노하우 등을 읽으며 내 것으로 만들어라.

14. 인터넷 포털사이트(네이버, 다음 등)

네이버, 다음과 같은 인터넷 포털사이트는 접근성이 아주 좋다. 인터넷에 접속하면 반드시 거치는 첫 번째로 사이트이기 때문이다. 다른 일로 포털사이트에 들어간다면 빠져나오기 전에 부동산 관련 기사 검색을 하겠다는 목표를 세우자. 부동산 기사에 중독될 정도로 호기심을 갖고 찾고 또 찾자.

15. 지역신문

관심 지역에서 발행하는 신문을 찾아 탐독하자. 지역신문을 보면 그 지역의 개발 정책이나 이슈를 확인할 수 있다. 처음에는 머리기사나 큰 글씨만 읽어도 좋다. 지역의 개발이 어떻게 진행되는지 어떤 이슈가 있는지를 알 수 있다. 관심 지역의 지역신문 사이트를 이삼일에 한 번 정도 꾸준히 방문하자. 지역신문 기사를 볼 때는 부동산 관련 소식만 읽지 말고 전체적인 기사를 다 훑어보자. 그러다 보면 그 지역의 소식이나 이슈를 알게 된다.

16. 지방자치단체 홈페이지

정부에서 SOC(국민 경제 발전의 기초가 되는 도로, 항만, 철도, 통신, 전력, 수도 따위의 공공시설) 사업을 한다고 하면 해당 지역의 지방자치단체 홈페이지에 들어가 좀 더 자세한 내용을 확인해본다. 잘 모르겠다면 홈페이지에 소개된 해당 부서의 담당자 이름과 전화번호를 참고해서 직접 연락해 물어보는 것도 방법이다.

관심 지역의 지방자치단체 홈페이지를 즐겨찾기에 추가하고 틈틈이 보도자료, 도정소식(시정소식 등), 교통, 통계, 환경, 도시계획, 도시개발, 주택/건축, 아파트, 토지/부동산 등 부동산 경매와 관련된 카테고리에 들어가 보자. 한 번에 다 검색하고 단번에 내 것으로 만들 수는 없으니 일정 분량과 시간을 정해서 들어가 보고 필요한 정보가 있으면 기록해 둔다. 지역신문을 보기 전에 지방자치단체 홈페이지를 방문하거나 반대로 지방자치단체 홈페이지에 들어

갔다가 지역신문 사이트에 들어가 보자. 부동산 관련 정보가 좀더 선명하게 보일 것이다.

17. 경매 유료 정보 사이트

대법원 법원경매정보 사이트에서 제공하는 기본 자료뿐 아니라 등기부등본상의 권리분석, 전입세대 열람서, 예상되는 배당 순서와 배당 금액, 최근 주변 지역의 유사 물건 낙찰 사례 등 많은 자료를 유료로 제공한다. 전국 모든 지역의 정보를 열람하려면 한 달에 10만 원이 넘게 들지만, 지역을 한정하면 한 달에 3만 원 안팎으로 정보를 이용할 수 있다. 대표적으로 부동산 태인(www.taein.co.kr), 지지옥션, 스피드옥션 등이 있다.

18. 대법원 전자소송사이트(ecfs.scourt.go.kr)

기본적인 법률 지식이 있다면 공인인증서로 로그인을 하고 변호사나 법무사의 도움 없이 나 홀로 각종 소송, 지급명령, 임의경매 신청, 임차권등기명령 신청, 채권압류 및 추심명령 등 모든 법적 절차를 손쉽게 할 수 있다. 예를 들어 기존 지방법원을 방문해 지급명령 신청서를 접수한다고 가정하면 신청서를 지참하고 은행에 방문하여 인지세와 송달료를 납부한 다음 그 영수증을 첨부하여 법원의 해당 접수계에 방문 접수해야 하는 번거로움이 있었다. 그만큼 시간과 비용을 낭비할 수 있는데, 이 사이트에서는 공인인증서로 로그인하여 각종 서류 제출, 인지세와 송달료 납부 등 집 또는 사무실에서 손쉽게 납부와 제출이 가능하다. 혹여 제출할 서류를 빠트렸어도 법원의 해당 부서에서 보정 명령을 내리고, 그 보정 명령을 다시 이행해서 이 사이트를 통해 제출하면 된다.

투자의 열매는 하루아침에 맺어지지 않는다. 하루 60분 꾸준하게 투자해서 내공을 쌓아가자. 어떤 사이트는 날마다 들어가 검색해야 하고, 어떤 사이트는 일주일이나 일정 간격을 두고 정기적으로 방문해 자료를 찾아보고 검색해야 한다. 날마다 꾸준히만 한다면 검색하면 할수록 부동산 경매 세계가 더 잘 보인다. 여러 번 보다 보면 보이지 않던 것이 새롭게 보이고 모르던 것도 차츰 이해하게 된다. 학창 시절에 같은 문제집을 여러 번 풀면서 이해하는 것과 비슷하다.

자투리땅으로
수익 창출

지인 중에 부동산임대업을 하는 K씨는 집 주변에서 경매로 나온 소형 자투리 토지를 싸게 낙찰받았다. 고양시 일산서구 덕이동 소재 62㎡ 토지를 감정가(6,600만 원)에서 1회 유찰돼 3,820만 원까지 떨어진 것을 다른 1명의 경쟁자를 물리치고 4,310만 원에 낙찰받았다. 이 토지는 20m 포장도로를 접한 데다 주변이 지방도로변 상가 지대여서 앞으로 소형 상가를 지어 임대를 놓을 계획이다.

수도권이나 중소도시 일대의 자투리땅을 주변 시세보다 헐값에 매입해 소형 주택이나 미니 오피스텔, 상가 등을 지으면 생각보다 큰돈을 들이지 않고 고정 임대수익을 올릴 수 있다. 60~120㎡ 정도의 허름한 단독주택 부지나 개발성이 떨어져 쓸모없이 놀리고 있는 자투리땅을 매입해 사업성 검토를 충분히 한 다음 요즘 인기 있는 임대수익용 소형 주택이나 상가를 지으면 된다.

'자투리 땅'이란 도로를 내거나 건축을 하다 남은 작은 필지의 토지를 말한다. 경사지고 넓지 않아 건축 가능성이 없다고 판단한 유휴 토지이다. 대체로 도심지나 외곽 지역의 주택가나 상업지 한편에 덩그러니 방치되어 주로 야적장이나 쓰레기장으로 변해 세금이나 축내던 애물단지이다. 경매 시장에 이런 땅이 나와도 관심을 기울이는 투자자들은 많지 않다.

하지만 2000년 초 개정된 건축법에 따라 자투리땅의 건축 허용 제한 최소 면적 규정이 풀리면서 값싸게 나온 자투리땅을 활용해 소형 임대주택을 짓는 투자자들이 늘고 있다. 특히 전셋값이 치솟을 때 임대 수요가 풍부한 지역의 입지 특성에 맞게 주택이나 상가 등 임대용 부동산을 지으면 큰돈 들이지 않고 고정수익을 올릴 수 있다.

경매를 통해 자투리땅을 저렴하게 매입하면 여러모로 유리하다. 적은 자금으로도 불모지나 다름없는 소형 토지를 목적에 맞게 개발할 수 있다. 작고 반듯하지 않은 데다 경사지거나 계단형 토지라도 건축 공법의 발달로 절토를 통해 건축이 가능하다. 33㎡ 안팎의 과소 필지의 땅도 사업성을 검토해 이용도를 극대화하는 데 초점을 맞출 경우 경제성을 높일 수 있다. 문제는 어떤 땅을 가지고 어떻게 활용하느냐에 달려 있다.

자투리땅 개발의 첫 단추는 값싸고 목 좋은 땅을 확보하는 것이다. 소규모 필지 땅의 개발이 용이하려면 도로에 접해 있고 주택가 초입에 위치해 임대 수요가 넉넉한 곳이어야 한다. 보통의 자투리 땅은 모양과 지형이 좋지 않아 유용성이 떨어지는 경우가 많으므로 임대용 부동산 건축이 가능한지 미리 살펴야 한다.

목 좋은 역세권과 도로변 주택 부지나 준주택지는 감정가가 너무 높아서 사업성이 없다. 하지만 기존 저층의 이면 주택지는 여전히 값싼 경매 토지가 많이 나온다. 3.3㎡당 400~700만 원 정도에 2회 유찰된 땅을 매입해 원룸 전문 건축업체에 의뢰하면 설계와 함께 사업성 검토, 임대까지 책임진다. 1층은 주차장으로 꾸미고, 2~3층에 1~2가구씩 원룸으로 만들면 고정적으로 짭짤한 임대 수익을 얻을 수 있다.

매월 고정소득을 얻기 위해 자투리땅 개발에 나선다면 미니 오피스텔이나 고시원, 원룸 및 다세대주택 등을 고려할 만하다. 주차장, 다가구형 임대주택, 광고탑 임대, 주차 타워, 스낵몰 등 지역이나 토지 용도에 맞게 건물의 용도를 적절히 개발하면 고수익을 올리는 상품으로 탈바꿈할 수 있다. 대학가나 주택 밀집지는 소형 원룸주택, 입지가 좋은 곳은 사무실이나 오피스, 근린시설로 개발하면 유리하다.

경매에 나온 자투리땅을 입찰할 때는 권리분석과 함께 물건분석도 신중해야 한다. 토지 위에 허름한 지상물이 있는 경우 법정지상권 성립 여부를 살펴야 한다. 입찰 전 지적도와 토지대장으로 정확한 경계를 체크하고, 토지의 형상과 면적, 지목 등을 확인한다. 간혹 개발 지역 인근에 있는 자투리땅의 경우 신축 허가 제한이 있으므로 신축을 목적으로 입찰할 경우 토지이용계획확인원을 발급받고 관할 관청 공무원에게 확인해 봐야 한다.

1,000만 원으로 낙찰, 900만 원을 벌다

초보자들이 경매에 쉽게 도전할 수 있는 물건으로 빌라와 아파트가 있다. 소액으로도 쉽게 도전할 수 있고, 빌라와 아파트는 꾸준히 수요가 있기 때문에 차익을 남기고 팔 수 있기 때문이다.

나 역시 처음 경매를 시작했을 때 빌라나 아파트에 주로 도전했다. 그중 인천 서구 석남동에 있는 지하 빌라 건물이 있다. 당시 이 물건의 감정가는 2,600만 원으로, 반지하층은 사람들이 선호하는 물건이 아니라서 감정가가 다른 층보다 낮게 책정된다. 그러나 당시 인천 아시안게임을 앞두고 있어서 서구 일대는 물론 인천시 전역에서 부동산 가격이 폭등해서 매도가 활발했다. 반지하 물건이라는 단점을 리모델링으로 해결했다. 지하 1층짜리 물건은 실제 현장에 나가 건물의 위치와 물건의 자리를 잘 살펴봐야 한다. 실제 가서 보면 어두컴컴한 암실 같은 곳일 수도 있고, 제법 햇볕이 잘 들어오는 곳일 수도 있다. 이 물건은 낙찰을 받고 리모델링을 해서 전세 임대차를 놓고 6개월 이내에 매각해 900만 원 정도의 차익을 남겼다.

인천 남동구 만수동에 있는 한 다세대 지하 빌라 건물을 1,000만 원에 낙찰받아 3개월 만에 1,200만 원을 남기고 매매에 성공한 적도 있다. 이 빌라는 가압류가 2건 있었지만 권리분석을 한 결과 충분히 수익을 남길 수 있다는 판단이 들어 입찰했고, 실제로 어렵지 않게 명도할 수 있었다. 처음 경매에 도전하는 분들에게 권리분석하는 방법이나 명도라는 말이 어렵게 느껴질 수 있는데, 권리 분석 방법에 대해서는 뒤에서 자세히 설명하도록 하겠다.

• 발전 가능성을 눈여겨보고 성공한 사례

2004년에 전북 전주시 완주군 삼례읍에 있는 감정가 2,720만 원 아파트는 발전 가능성을 보고 투자해(낙찰 2,900만 원) 성공한 경우이다. 주변 아파트 시세를 알아보니 비슷한 평수의 아파트 가격이 3천만 원 선이었다. 당시 순자기자본은 710만 원으로 2,700만 원을 대출받았고, 보증금 300만 원에 월세 30만 원으로 월세를 놓았다. 보증금 300만 원으로 대출 원금을 상환해 실제 대출 원금은 2,400만 원이었다. 매월 내가 내야 하는 대출이자는 5만 원이었고, 매월 월세 순수익은 25만 원으로 72개월 동안 1,800만 원의 수익을 거뒀으며, 월세 총수익과 매각 순이익이 합계 2,966만 8천 원이었다. 2015년에 4,800만 원에 매각해 6년 동안 시세 차익 약 1,900

만 원을 올렸으며, 6년 동안의 매월 임대수익(매월 30만 원×72개월)은 2,160만 원이었다.

• 5년 이상 장기 투자로 6천만 원 수익 실현

전북 전주시 지방에 있는 24평형 아파트를 경매로 낙찰받아 장기투자로 수익을 올린 사례도 있다. 이 물건은 주변에 아파트가 밀집해 있으며 교통, 주변 상권 등이 발달해 입지 조건이 탁월했다. 이 물건의 감정 최저가는 4,560만 원으로 시세는 약 6,100만 원이었다. 나는 시세 차익에 대한 과도한 욕심을 버리고 응찰한다면 최소 1천여만 원의 수익을 얻을 수 있겠다는 판단으로 응찰했다.

당시 경매로 나온 아파트에 세입자가 거주하고 있었는데, 다행히 입찰 전에 임장을 나가 전세권자 김○○을 만나 집주인에 대한 이런저런 이야기를 나눴고 욕실 쪽에 누수가 있다는 설명까지 들을 수 있었다. 이 전세권자도 입찰에 참여했는데 패찰했다. 이 물건은 명도 후 누수를 수리하고 전체적인 리모델링으로 시세 가치를 극대화했다. 이 물건은 입지 조건 등을 고려해 장기 보유 결정을 내렸다. 현재 시세는 1억 2천만 원으로 무려 6,790만 원의 시세 차익을 올릴 수 있었다. 이처럼 경매 물건에 따라 단기 보유, 장기 보유에 대한 장단점이 있게 마련이다. 5년 이상 장기 보유했기 때문에 양도소득세(양도세)는 비과세이다.

• 장기 투자라면 하천이나 잡종지에 주목하자

지목상 하천은 대부분 강이나 도시 지역의 천 주변에 물의 흐름을 원활하게 하기 위해 지정해놓은 지목이다. 대부분 국유지나 개인 소유의 하천으로 지정되어 있는 경우 담보 설정(실무적으로 금융기관에서 하천은 담보대출을 하지 않는다)이나 소유권을 행사하는 데는 문제가 없다.

지목이 하천이기 때문에 공시가격이 그 주변의 어떤 부지보다도 싸게 책정되며 하천의 개보수 사업이나 도시계획 예정 지구는 적은 투자로 큰 수익률을 올릴 수 있다. 하천과 잡종지(다른 지목에 속하지 않는 토지로 갈대밭, 변전소, 송유시설, 도축장, 쓰레기처리장 등은 '잡'으로 표기)는 이용상 여러 제한이 따를 수밖에 없어서 개발 가능성이 있는 지역의 하천 부지는 장기간 소유해야 하는 단점이 있다. 하지만 개발예정지는 법률에 따라 공익사업을 위해 개인의 재산권인 토지를 수용한다. 토지는 1,000㎡ 이상 소유하는 것이 토지 수용 시 유리하다는 점을 참고하자.

2013년도에 서울 강남 수서동에 있는 하천이 경매 물건으로 나왔다. 수서역 동측으로 흐르는 탄천 부지 내 토지 3필지로 인근에 아파트 단지, 가락농수산물시장 등이 있는 곳이었다. 경매를 위해 권리분석을 해본 결과 근저당권자 한국자산관리공사(1987. 2. 28.)를 포함해 모든 권리는 소멸(말소)되어 등기부상의 권리가 깨끗했다. 그런데 이 하천은 토지구획정리사업지구로 고시되어 있어 시청이나 구청에서 보상단가를 확인하고, 이미 보상이 끝났는지, 경락을 받더라도 환지예정지구로서 금전 청산이 되어 입주권 등의 질권이 정산되었는지를 자세히 조사해야 했다. 그래야 낙찰 후 낭패를 보지 않는다. 관할 지자체에서 하천에 대한 보상 단가를 정하기 때문에 수익률이 정해져 있다고 볼 수 있다. 다만 지자체의 예산 부족으로 사업이 연기될 수 있다는 점을 미리 검토해 봐야 한다. 또한 이런 물건은 낙찰 뒤에라도 채무자의 변제로 경락이 취소될 수 있으니 잔금 납부 전에 다시 확인해 봐야 한다.

3장

*직장인을 위한
틈새 경매
전략

하루에 10개, 관심 지역은
모아서 임장을 나가라

직장인은 일주일에 이틀을 쉴 수 있고 근속연수에 따라 연차가 늘어난다. 이것은 법으로 보장된 '쉬는 날'이다. 열심히 일한 만큼 휴일과 연월차는 온전히 나를 위해 쓰자. 바로 그 시간을 활용해 부동산 경매를 해보자. 직장인에게 휴일과 연차는 부동산 경매를 하기에 더없이 소중한 시간이다. 머릿속에 그리던 지역의 경매 물건을 직접 찾아 나서고, 꿈에 그리던 낙찰을 맛보러 두근두근 떨리는 마음으로 입찰장에 들어갈 수 있는 시간이기 때문이다. 휴일에는 점찍어 둔 경매 물건이 있는 곳으로 향하자.

• 임장은 자료 조사의 시작이 아니라 끝이다

경매 물건을 내 것으로 만들기 위해서는 발품을 팔아야 한다. 부동산 경매는 머리로만 할 수 있는 것이 아니다. 직접 현장조사를 나가서 해당 물건을 살펴보고, 여러 가지 정보를 얻어야 한다. 이것을 일컬어 흔히 '임장'이라고 한다. 어떤 물건인지 임장을 나가 실제로 가서 파악해보는 것이다.

임장을 나가기 전에 반드시 마쳐야 할 일은 관심 경매 물건과 관련된 서류 검토이다. 부동산등기부등본, 현황조사서, 감정평가서, 매각물건명세서, 건축물대장, 토지이용계획확인서를 봐야 한다. 이 서류를 검토한 다음 경매 관련 사이트에서 도움이 될 만한 정보를 모으고, 나만의 경매 물건 보고서를 만든다. 경매 물건 보고서 만드는 방식은 4장에서 자세히 소개하겠다.

임장을 나가기 앞서 해야 할 것이 또 하나 있다. 경매 물건이 있는 지역의 부동산중개업소 몇 곳에 전화를 해서 시세를 가늠하는 것이다.

"여보세요? 부동산이죠? 제가 집을 내놓으려고 하는데요. 17평이고 부평구 ○○동에 있는 지하 1층이에요. 시세가 어느 정도인가요?"

부동산에 집을 내놓는 사람인 척 전화해서 물어보거나, 집을 구입하는 사람인 척해서 시세를 파악할 수 있다. 인터넷 사이트에서 얻은 시세 정보와 전화로 문의한 시세 정보는 엑셀로 정리해 놓는다. 이런 과정을 통해 현장에서 직접 확인해야 할 것이 무엇인지 미리 파악하고, 내가 봐야 할 물건 리스트를 정리한다. 그리고 관심 있는 지역을 모아 하루에 10개 정도 물건을 볼 수 있도록 미리 동선을 짠다. 이렇게 임장을 나가는 것이 시간을 황금같이 쓰는 요령이다. 황금 같은 휴일에 현장조사를 나가는 만큼 한 번에 여러 물건을 조사하는 것이다. 특별히 관심 있는 물건 외에 그 주변에 다른 경매 물건이 나와 있는지 검색해서 몇 곳을 함께 둘러보자. 뜻하지 않게 더 나은 물건을 발견할 수도 있다.

내가 잘 아는 지역이고 어느 정도 시세를 알고 있다고 해도 임장은 필수이다. 그냥 아는 것과 실제로 돈이 오고 가는 과정에서 아는 것은 천양지차이다. 그러니 휴일에는 무조건 임장을 나가겠다는 마음가짐을 가지자.

내가 투자할 곳이 어떤 환경에 놓여 있는지 파악하고 살펴보는 것은 투자자로서 당연히 해야 할 일이다. 현장에 가보지도 않고 시세를 판단하고 입찰을 결정하는 것은 무모한 짓이다.

• 시세 조사는 이렇게

현지 부동산중개업소에 들러 매매 시세를 확인할 때는 항상 매도 가격과 매수 가격을 물어봐야 한다. 세 곳 정도 들러 집을 사려는 매수자 입장, 집을 팔려는 매도자 입장, 임차인 입장에서 부동산 시세를 문의한다. 즉, 파는 입장과 사는 입장에서 각각 물어봐야 한다. 아무래도 집을 사려는 사람에게는 값을 높게 부르고, 집을 팔려는 사람에게는 낮게 부르는 것이 일종의 관행이다. 당연한 말이지만 부동산중개인의 정보를 전적으로 의존해서는 안 된다, 그들의 정보는 취사선택해야 한다. 간혹 그 중개인이 나의 경쟁 상대가 될 수 있기 때문이다.

결혼한 사람이라면 부부가 같이 임장을 나가면 좋다. 부동산에 부부가 들어서면, 게다가 아이와 같이 간다면 확실한 실수요자라고 생각해서 부동산 대표나 직원들이 성심성의껏 여러 집을 소개해준다.

부동산중개업소 측과 정면 승부를 할 수도 있다. 경매가 목적임을 솔직히 밝히고 그 지역의 어느 집이 경매 물건으로 나와서 실거래가를 알고 싶다고 말한다. 낙찰을 받으면 임대를 놓으려고 하니 서로 상부상조하는 게 어떠냐고 제안해보자. 임대 가격은 전세와 월세로 나눠서 물어본다. 단, 이 경우에는 중개업소를 최소 두 곳 이상 들러서 정보가 일치하는지 확인하는 것이 안전하다.

부동산을 방문하기에 앞서 법원의 감정평가서에 기재된 감정평가액을 확인하고, 국토교통부 실거래가 공개시스템(rt.molit.go.kr)에 들어가서 동일 단지, 동일 평형의 최근 실거래가를 확인하는 것도 중요하다. 동일 단지가 없다면 주변 단지의 실거래를 확인한다. 그다음에는 국민은행이 제공하는 KB부동산 Liiv ON 사이트에서 최근 시세와 가격 변동 추이를 살펴본다. 거래량이 많은 아파트는 비교적 시세를 예측하기 쉽지만 거래량이 적은 다세대주택은 시세를 짐작하기조차 어려울 때가 많다. 그래서 임장을 나가는 것이다.

법원의 감정가격은 기본적으로 채권 회수를 위한 감정평가이므로 보통 시세보다 높게 책정되는 경우가 많다(반대로 은행의 대출 감정은 돈을 빌려주기 위한 것으로 시세보다 싼 편이다). 임대 가격도 전세와 월세를 나누어 확인한다. 이것은 해당 물건의 수익성 분석에 필요한 자료이다. 또 부동산중개업소에 매매와 임대가 잘되는지 꼭 물어 봐야 한다. 매매와 임대가 잘되지 않는다면 입찰을 신중하게 재고 해 봐야 한다.

임장을 다녀온 날은 입수한 정보를 다시 살펴보고 '나만의 경매 물건 보고서'를 업데이트한다. 부동산중개업소에서 이야기를 나누 는 중에 경매 물건과 관련해 도움될 만한 정보가 있으면 수첩이나 스마트폰에 기록해 둔다.

• 임장에서 확인할 체크리스트 10

임장은 혼자보다 둘이 함께 가는 것이 좋다. 부부, 연인, 친구도 좋고, 엄마 아빠가 맞벌이하느라 돌봐줘야 할 조카도 좋다. 사람마 다 눈여겨보는 요소가 다르기 때문이다. 누구는 내부 구조나 인테 리어에 관심 있고, 또 누구는 교육환경, 교통편, 편의시설 등 주변 환경에 더 관심이 있을 테니 여럿이 가면 좀 더 입체적으로 살필 수 있다.

임장에 나가서 확인해야 할 것들은 다음과 같다.

첫 번째, 법원경매정보 사이트에서 받은 현장조사서, 감정평가 서, 매각물건명세서, 그리고 임장 보고서를 챙겨 가서 자료의 내용 이 실제와 맞는지 하나하나 확인해야 한다. 서류에 나타나지 않았 거나 다른 내용이 임장에서 확인되기도 한다. 실제로 법원에서 제 공하는 현황조사서와 감정평가서에 나온 내용이 실제와 다른 경우 가 있다. 감정평가서에는 1층으로 되어 있는데 직접 가서 살펴보니 반지하인 경우이다. 1층과 반지하는 시세 자체가 다르기 때문에 입찰금도 차이가 난다. 임장을 나가서 제대로 확인하지 않고 높은 가격에 낙찰받았다면 큰 손해를 볼 수 있다.

두 번째, 임장을 나갈 때는 되도록 대중교통을 이용하자. 그래야 실제 거주자 입장에서 주변 교통시설을 제대로 확인할 수 있고, 버스정류장이나 역에서 목적지까지 가는 동안 찬찬히 주변을 살필수 있다. 주변 환경을 살피다 보면 자료에는 없는 좀 더 생생한 정보를 알 수 있다. 학교나 학원 등의 교육시설, 지하철이나 버스 등의 교통시설, 대형 할인마트, 병원이나 의원, 시장, 백화점, 관공서 등의 생활 편의시설, 공원이나 호수 등 자연환경, 기타 쾌적한 환경이 조성되어 있는가, 또는 그와 같은 곳으로 접근하는 데 용이한가를 확인한다.

세 번째, 해당 물건의 주변을 전체적으로 살펴보자. 역세권이라면 더없이 좋다. 역세권이 아니라고 해서 실망하지 말고 주변에 대형마트와 대형병원 등 편의시설이 있는지 확인하자. 가까운 곳에 공원이 있으면 쾌적한 환경을 제공한다. 공장이 있다면 공해나 소음 문제 등을 직접 확인해야 한다. 또한 혐오시설, 기피시설, 유흥업소, 숙박업소 등이 얼마나 있는지도 확인한다. 토지이용계획확인원과 지적도 등의 공부를 발급받아 도로 접근성, 맹지(도로에서 멀리 떨어진 땅) 여부, 토지의 넓이, 지형 등도 살펴본다. 재개발이나 개건축 등 정비 사업을 비롯해 발전 가능성이 있는지도 확인해야 한다. 호재가 있어 발전할 가능성이 있다면 높은 수익률을 올릴 수 있기 때문이다.

네 번째, 목적한 곳에 도착했다면 먼저 그 집 우편함에 있는 우편물을 살짝 확인한다. 우편물에 있는 이름이 매각물건명세서에 나온 사람인지 살펴보는 것이다. 이름이 다르다면 기록해 둔다. 임차인이나 거주자를 알아볼 때 요긴하게 쓸 수 있다. 우편물이 많이 쌓여 있다면 현재 거주하는 사람이 없거나 어쩌다 들어오는 사람일 가능성이 높다. 또는 집에 신경을 쓰지 않는 사람일 수도 있다. 마치 탐정처럼 그 물건과 물건 주위를 하나하나 잘 살펴보고 부동산 경매에 도움이 될 만한 정보들을 찾는다.

다섯 번째, 목적물이 다세대주택이라면 노후 정도를 살핀다. 다세대주택은 지은 지 10년 정도 지나면 보일러를 교체해야 하는 경우가 많다. 또 물이 새거나 수도관이 터지거나 녹물이 나오지 않는지 등 수도시설을 잘 살펴야 한다. 집에 하자가 있는지 없는지는 집 안에 들어가 봐야 확실히 알 수 있다. 하지만 거주자가 부재중이거나 집 내부를 공개하지 않는다면 이웃 주민이나 관리실 등을 찾아서 최대한 알아내는 것이 좋다. 집의 하자를 확인하면서 현황조사서에 기재된 점유자 외에 다른 점유자가 있는지 알아본다. 점유자 현황은 철저하게 조사해야 한다. 임장에서 확인할 수 있을지는 미지수이지만 일단 최대한 시도해 본다. 입찰에 성공하면 내 집이 되는 것이니 적극성을 발휘할 필요가 있다.

여섯 번째, 같은 가격이면 건축 연도를 확인해서 지은 지 오래되지 않은 물건을 살펴보는 것이 좋다. 비교적 신경을 덜 쓸 수 있기 때문이다. 높은 지대나 외진 곳에 있는 물건이라면 아무리 최저 매각 가격이 싸더라도 신중해야 한다. 낙찰되더라도 임대나 매매가 순탄하지 않을 수 있기 때문이다.

일곱 번째, 채광을 잘 살펴야 한다. 특히 반지하는 습기가 많아서 곰팡이가 잘 생기고 사생활이 노출되기 쉬워서 임대가 수월하지 않다. 그러나 채광이 잘되는 반지하라면 상황이 역전된다. 햇빛이 잘 들어오면 습기나 곰팡이 걱정은 안 해도 되기 때문이다.

여덟 번째, 주차장도 살펴봐야 할 요소이다. 통계를 보면 인구 다섯 명당 자가용 두 대를 보유하고 있다. 대부분의 거주자들이 승용차를 소유하고 있기 때문에 주차장 크기와 수용 대수가 아주 중요하다. 특히 주차 공간이 부족한 빌라(다세대주택) 밀집지역에서는 주차 공간이 있느냐 없느냐에 따라 매매(임대)가 결정되니 꼼꼼하게 확인한다.

아홉 번째, 관리비 연체를 확인한다. 관리비는 공용 부분과 전용 부분으로 나뉘는데 관리사무소에서 명세서를 달라고 하면 된다. 연체된 공용 부분 관리비는 낙찰자가 내야 하므로 입찰 관련 비용을 산정할 때 고려해야 한다. 관리사무소에서 협조하지 않는 경우도 있으니 거절당했다고 해서 움츠러들지는 말자. 법적으로 전용 부분은 내지 않아도 되지만 관리실에서 전용 부분도 내야 한다고 버티면 단전이나 단수 같은 골치 아픈 일이 생길 수 있다. 이 같은 행위는 불법이지만 법으로 해결하려면 시간이 많이 소요되니 무엇이 현명하고 효율적인 방법인지 생각해 보자. 그렇다면 연체된 관리비는 기간과 상관없이 모두 내야 할까? 그렇지 않다. 소멸시효가 3년이니 3년 전부터 현재까지 연체된 관리비만 내면 된다. 연체료는 포함되지 않는다.

열번 째, 이제는 주변을 좀 더 세밀하게 둘러보자. 입찰하려는 물건의 면적이 80㎡(약 24평형) 안팎이라면 초등학생 자녀를 둔 부모가 거주하고 있을 확률이 높다. 주변에 초등학교가 있는지, 있다면 동선은 어떻게 되는지를 확인한다. 면적이 40㎡(약 12평형) 안팎이라면 신혼부부나 1인 가구가 거주하고 있을 확률이 높다. 그 밖에 대중교통 이용이 편리한지, 가로등, CCTV 설치 여부를 확인해야 한다.

경제 흐름을 파악한 뒤
부동산을 읽어라

지난 2007년 미국의 서브프라임 모기지 사태로 인하여 우리나라의 부동산 시장이 수년 동안 급락했다. 물론 그때 기회를 제대로 포착해서 저렴하게 경매 물건은 낙찰받아 큰 수익을 거둔 사람들도 많다. 수출형 국가인 우리나라는 주요 수출국인 미국과 중국의 영향 및 정책(미국 기준금리 인상)의 직접적인 영향을 받는다. 따라서 세계 경제의 흐름을 읽으면서 우리나라의 정책 변화가 부동산 시장에 미치는 영향을 미리 분석하면 부동산 경매 투자와 관련하여 올바른 기준을 마련할 수 있다. 최근 대한민국의 부동산 경매 흐름을 살펴보자. 전국 주택 경매의 낙찰가율은 80%를 훌쩍 넘어섰고, 중소형 주택과 도심 빌딩은 시세보다 5~10% 정도 낮게 낙찰되기 일쑤이다. 고가 낙찰이 이어지는 상황에서 경매는 더 이상 먹을 게 없는 시장이라는 푸념도 들려온다. 경매 수익률의 대표적인 지표는 바로 '낙찰가율'이다. 일반적으로 낙찰가율이 80%대를 넘어서면 경매 시장이 활기를 띤다고 본다. 경매 물량은 줄어드는 대신 입찰자가 몰리면 낙찰가율은 상승하기 마련이다. 경매 투자의 바람이 거셀 때는 경매 물건의 내재적 가치를 찾아 알짜 부동산을 골라 선별적으로 투자하는 자세가 필요하다.

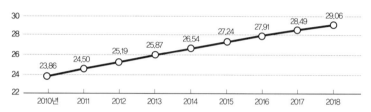

연도별 1인가구 비중 (단위 : %)

평형대별 2018년 1분기 아파트값 상승률 (단위 : %)

자료: 통계청·국토교통부

위의 그래프를 살펴보면 연도별로 1인 가구의 비중이 증가하고 있음을 알 수 있다. 1인 가구의 비중은 2010년 23.86%에서 2018년 29.06%로 약 5.2% 증가했다. 소형 아파트의 공급이 늘어나는 것은 1인 가구 증가와 깊은 연관성이 있다. 앞으로 1인 가구가 더

욱 증가할 전망이므로 소형 아파트에 대한 공급 여부 등을 염두에
두고 투자 계획을 세워야 한다.

03

종목보다
지역부터 선정하라

경매는 돈 되는 물건을 찾아내는 일종의 '투자 게임'인 만큼 현장을 두루 답사하고 투자성과 개별 종목의 미래 투자성을 파악할 줄 알아야 우량 물건을 찾아낼 수 있다.

경매에서 돈 되는 숨은 보물을 찾는 방법을 알아보자. 부동산 가격의 단기 변동이나 최근의 거래 상황만 보고 투자를 결정하면 부동산의 가치를 파악하기 어렵다. 마찬가지로 당장 경쟁이 치열한 아파트나 개발 예정지만 보고 입찰했다가는 시세 차익을 거두기 어렵다. 지역 내 부동산의 큰 흐름을 먼저 이해하고, 그 틀에서 세부적으로 어떤 부동산을 고를지 분석한 다음 경매 투자에 나서는 것이 좋다.

우선 관심 있는 지역을 설정해 관련 사이트에서 꾸준하게 부동산 정보를 모으고 현장 답사를 하는 것도 한 가지 방법이다. 즉, 경매 물건을 고를 때는 종목보다 지역부터 선정하는 것이 우선이다. 우량 부동산을 선별하려면 잘 아는 지역부터 공략해야 한다. 오래 살았던 지역이나 직장 근처에서 물건을 찾다 보면 적당한 물건이 눈에 들어오고 매물을 비교하는 안목이 생긴다. 경매 투자는 잘 알지 못하는 곳에 섣불리 들어갔을 때 실패할 가능성이 크다. 잘 아는 지역 한두 군데를 집중적으로 검색해야 장기적인 가치를 판단하기 쉽다.

부동산 경매의 1순위 투자 대상은 오르는 부동산이다. 그러기 위해서는 지역 내 개발계획을 미리 알아야 한다. 사전 정보를 얻으려면 경매 부동산이 속한 지역의 개발 계획안을 미리 파악해야 한다. 대체로 개발 지역 확정안이 발표되기 전에 지방자치단체는 중장기적인 계획안을 잡는다. 도시기본계획, 토지이용계획안 등에서 찾을 수 있다. 또 지자체 교통정비계획안 등을 열람해서 향후 예정지 주변의 물건을 찾아내야 한다. 경매 고수들은 장기 투자용 부동산을 고를 때 소액으로 개발지 주변 부동산에 투자하고 일정 단계까지 묵혀두었다가 되판다. 2~3년 동안 개발이 이루어진 뒤 유사 물건이 어떻게 팔리는지 살펴본 다음 적기에 되팔아 이익을 남긴다.

• 틈새 투자 종목을 찾아라

최근 꾸준히 관심을 끌던 소형 아파트와 오피스텔의 인기가 시들해지면서 상가나 아파트형 공장, 토지 등 틈새 투자 종목이 불황

기의 재테크로 떠오르고 있다. 부동산 규제 등으로 인해 금융기관의 담보인정비율(은행에서 집을 담보로 하여 돈을 빌려줄 때 대출 가능 한도를 나타내는 비율)이 낮게 적용되고 있기 때문이다. 그러나 현금 유동성을 무기로 한 투자는 여전히 각광받고 있으며 이런 규제 속에서 오히려 저렴한 물건을 확보할 수 있다. 실제로 경매 실전 전문가들은 남들이 잘 찾지 않아 낙찰가율이 떨어지고 입찰 경쟁률이 낮아 저렴하게 살 수 있는 소형 상가나 미니오피스 등 틈새 수익형 부동산 경매 투자처를 찾고 있다.

부동산 침체가 장기화되면서 부동산 경매 시장에는 상가와 공장 등의 매물 공급이 크게 늘고 있다. 하지만 아파트 등 주택에 비해 투자자들의 관심을 끌지 못해 낙찰가율과 경쟁률이 낮은 것이 현실이다. 고가에 낙찰되는 인기 종목보다는 낙찰 성공률이 높은 틈새 종목을 노리는 것이 알짜 부동산을 잡는 비결이다.

수도권 임야는 부동산 경매 시장에서 감정가보다 20~30% 저렴하게 낙찰된다. 수도권 외곽의 경우 대지로 형질을 변경할 수 있는 땅도 20% 이상 저렴한 낙찰가에 새 주인을 찾는다. 임야는 다른 지목과 달리 활용 가치가 높은 편이다. 토지를 리모델링(지목 변경, 등록 전환, 분할, 합병, 성토, 개발)을 하면 지가 상승이 예상되기 때문이다. 활용 가치가 높은 경기도와 강원도 경계의 철도부지 내에 있는 낮은 임야는 공공기관이 본격적인 민자 개발 유치에 나서면서 땅값 상승이 예상되는 유망 투자 종목으로 눈여겨볼 만한 물건이다.

틈새 경매 종목에 입찰할 때 최우선적으로 확인해야 할 사항이 정확한 시세 파악이다. 환금성이 떨어지는 틈새 종목의 경우 정확한 거래 금액을 확인하기 쉽지 않기 때문이다. 최근 유사 매물의 거래 금액을 확인하고, 미리 현장을 방문해 위치와 유동 인구의 동선 등을 잘 살펴야 한다. 더불어 개보수비와 임대수익률 등을 꼼꼼히 따져봐야 한다. 유사 시설의 임대수익을 비교해 확실한 수익률이 예상될 때만 입찰을 하는 것이 좋다.

부동산 검색을
쇼핑처럼

백화점에 가서 아이쇼핑을 해봤을 것이다. 부동산도 백화점에서 아이쇼핑하듯 눈으로만 하는 쇼핑이라 생각하고 마음껏 살펴보고 관심 물건은 등록해 두자. 아이쇼핑은 최신 트렌드를 가장 빠르고 확실하게 알 수 있는 방법이다. 부동산 경매로 나온 물건 가운데 마음에 드는 집이 있다면 관심 목록에 담아둘 수 있다.

합리적인 쇼핑을 하려면 쓸모 있는 사이트를 효율적으로 이용할 줄 알아야 한다. 직장인은 회사 업무만으로도 머리가 무겁고 마음도 버겁다. 이런저런 사이트를 돌아다니기보다 반드시 알아야 하는 정보를 제공하는 사이트 몇 곳을 지정해 놓고 틈나는 대로 들여다보는 것이 좋다. 정보를 얻지 못해서 재테크할 엄두를 내지 못할 일은 없다. 국가에서 운영하며 공신력 있는 정보를 제공하는 법원경매 사이트와 유료로 경매 정보를 제공하는 사이트를 한 곳 정하고, 그 두 곳의 정보를 한데 합쳐 내 것으로 만들면 믿음직한 정보를 선점하는 것이나 다름없다.

1. 대법원 법원경매정보(www.courtauction.go.kr)

부동산 경매에 나오는 물건은 모두 대법원 법원경매정보 사이트에서 확인할 수 있다. 스마트폰으로 볼 수 있지만 전체적으로 살펴보기에 큰 모니터 화면이 좋다.

대법원 법원경매정보 사이트는 국가에서 운영하는 경매 정보 사이트로 믿을 만한 정보를 제공한다. 이 정보를 바탕으로 입찰했다가 문제가 생겼다면 정식으로 이의를 제기해 구제받을 수 있다. 개인이 운영하는 유료 사이트의 특급 회원이라 하더라도 대법원 법원경매정보 사이트에서 제공하는 정보와 반드시 교차 확인을 해야 한다.

내 돈을 투자하는 일이라면 꼼꼼하게 여러 번 확인 또 확인해야 한다. 게다가 우리는 쥐꼬리만 한 월급을 받는 직장인이지 않은가. 국가에서 전 국민을 대상으로 열어놓은 사이트이니 당연히 누구나 무료로 이용할 수 있다. 회원 가입을 하면 자신이 찾아본 물건을 '관심물건 등록'에 보관해 두었다가 나중에 찾아보기 편리하다.

전국 법원에서 진행하는 경매 물건을 검색하고 해당 물건의 매각물건명세서, 현황조사서, 감정평가서, 토지이용계획 등을 볼 수 있다. 부동산 경매에서 아주 중요한 자료이니 반드시 열람하고 관심 있는 물건이라면 출력해서 찬찬히 살펴보는 것이 좋다.

대한민국법원 법원경매정보 사이트 메인 화면

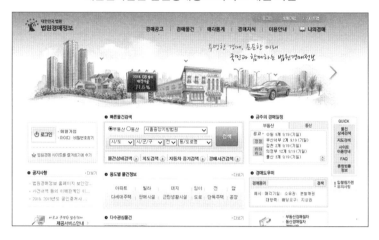

처음으로 대법원 법원경매정보 사이트에 접속했다면 경매 물건으로 무엇이 나왔는지 잠시 살펴보자. 사이트 메인 화면 중앙에 '빠른물건검색'이라는 검색창이 있다. 여기서 내가 사는 지역이나 관심 있는 지역을 정해 물건을 검색해 보자. 그 지역의 '시/도', '시/군/구'를 지정하고 전(전체)을 누르고 '검색'하면 조건에 맞는 전체 물건이 나온다. 전체 물건을 하나하나 검색할 수도 있고, 좀 더 구체적으로 관심 있는 지역을 찾아 검색할 수도 있다.

이 밖에 법원경매 사이트에는 쓸모 있는 자료가 많다. 경매공고와 관련해서 궁금한 점이나 각종 공고 내역을 알고 싶다면 메인 화면의 '경매공고' 메뉴로 들어가 보자. 경매 물건의 입찰공고는 통상 2주일 전에 해당 사이트에서 확인할 수 있다. '매각통계'는 연도별 매각통계, 법원별 매각통계뿐 아니라 지역별 매각통계, 용도별 매각통계로 구성되어 있다. 지역별 매각통계를 이용하면 관심 있는 지역의 매각통계 자료를 볼 수 있다.

부동산 경매 전반에 관한 지식이나 관련 법률이 궁금하다면 '경매지식' 메뉴로 들어간다. 이곳은 경매 절차, 경매 용어, 경매 서식, 입찰 안내, 매수신청 대리 안내, 경매 비용, 관련 법률로 구성되어 있다. 물론 이 사이트에 모든 정보가 들어 있는 것은 아니다. 개별 물건에 대한 자세한 정보가 부족하고 정보가 한눈에 들어오지 않는다는 단점이 있다. 자세한 권리분석이나 현장조사 내용은 알 수 없다는 것이다. 이런 단점은 유료 경매 정보 사이트에서 보완할 수 있다.

하루 24시간 중 더도 말고 덜도 말고 딱 15분만 법원경매 사이트에 접속해 살펴보자.

2. 유료 경매 정보 사이트

유료 경매 정보 사이트로는 부동산태인(www.taein.co.kr), 지지옥션(www.ggi.co.kr), 스피드옥션(www.speedauction.co.kr), 굿옥션(www.goodauction.com) 등이 있다. 유료 정보 사이트는 가입하는 기간, 제공되는 지역의 범위 등에 따라 이용료를 내야 한다. 가입은 무료로 할 수 있지만 볼 수 있는 정보가 제한적이고, 유료로 가입해야 원하는 정보를 얻을 수 있다. 각 사이트에서 제공하는 정보에는 큰 차이가 없으니 여러 유료 사이트를 방문해 보고 자신에게 맞는 곳을 고르면 된다. 사이트마다 제공하는 정보가 대동소이하다면 날마다 자주 들어가볼 수 있는 사이트를 고르는 것이 좋다. 그래야 하루 15분을 편하게 보낼 수 있지 않겠는가.

나는 태인을 이용하는데, 특별한 이유는 없다. 언젠가 내가 원하는 정보를 태인에서 찾았고 정보 제공 형식이나 내용이 보기 편해서 계속 이용하고 있다. 이 책에 나오는 경매 물건 상세 정보 역시 태인 사이트에서 가져온 것이다.

다시 한 번 강조하지만, 유료 사이트에서 경매 물건 정보를 확인했다면 국가에서 운영하는 대법원 법원경매정보 사이트에서 교차 확인해야 한다. 유료 사이트의 정보가 잘못 기재되었거나 틀린 경우에 발생하는 문제(잘못된 정보로 입찰을 해서 낙찰을 받는다고 상상해 보라)를 미연에 막을 수 있기 때문이다. 유료 사이트에 나온 정보만 믿고 입찰했다가 입찰보증금을 몰수당하는 등의 낭패를 본다면 그 사이트에 불만과 욕을 퍼부을 수는 있겠지만 금전적 피해는 보상받을 수 없다.

각 유료 사이트에서 정보에 대한 책임 소재를 애매하게 해놓았기 때문이다. 'ㅇㅇㅇㅇ은 본사의 정보만으로 발생하는 문제에 대해서는 책임을 지지 않습니다. 반드시 법원에 비치된 공부를 확인하시고 입찰에 참가하시기 바랍니다.' 여기서 공부는 관청이나 관공서에서 법규에 따라 작성·비치하는 장부를 말한다. 그러므로 대법원 경매정보 사이트에 있는 정보와 반드시 교차 확인해야 한다. 특히 등기부등본이나 매각물건명세서는 반드시 꼼꼼하게 다시 확인해야 한다.

• 유료 경매 정보 사이트

부동산태인(www.taein.co.kr)

지지옥션(www.ggi.co.kr)

스피드옥션(www.speedauction.co.kr)

옥션(www.goodauction.com)

다른 관점으로
경매 물건에 접근하라

직장인이 소액으로 경매 낙찰률을 높이는 방법은 무엇일까? 입찰 경쟁이 낮은 비인기 경매 물건을 싸게 낙찰받아서 돈 되는 물건으로 만들 수 있다. 외관상 허름하고 낡은 부동산을 싸게 낙찰받아 리모델링하는 것도 부동산의 가치를 높이는 것이다. 목욕탕(사우나, 찜질방) 건물이나 단독주택, 공장, 구분상가(층이나 호와 같이 일정 규모별로 구분등기가 가능한 상가)의 경우 표면상 하자가 없어도 2~3회 유찰해 감정가의 50~60% 선에 낙찰된다. 이런 건물은 용도 변경, 개보수, 업종 전환 등을 거치면 수익형 부동산으로 탈바꿈할 수 있다.

1층 상가와 오피스텔에 투자하겠다는 고정관념에서 한 발짝 물러나 조금 다른 안목으로 접근하면 수익성 높은 물건을 만날 확률이 높다. 입지와 환경은 좋지만 허름하고 낡은 목욕탕 건물이나 모텔, 수도권 공장 등은 비인기 종목에 꼽힌다. 이런 종목을 싸게 산

다음 개보수를 해서 실수요자에게 세를 주거나 최적의 상품으로 용도 변경해서 활용한다면 고수익을 얻을 수 있다.

돈 되는 경매 물건을 찾기 위해 개별 부동산의 물건 분석 과정을 거치다 보면 입찰을 방해하는 사람들을 만나게 된다. 현지 공인중개사는 잘못된 가격 정보를 흘리거나 물건상 하자 내역을 숨기기도 한다. 또 경매 채권자나 임차인은 고가 낙찰을 유도하며 수익률을 부풀리고 과대 포장하기도 한다. 오르는 부동산에 장기 투자를 하기 위해서는 가치를 높이는 계획을 갖고 소신 있게 입찰해야한다.

수도권 경매 시장에는 테마 상가 내 소형 점포 경매가 봇물을 이룬다. 대형 유통업체의 등장에 밀려 경쟁력을 상실한 점포들이 경매에 나오고 있다. 특히 도심 테마 상가의 경우 2~3회 유찰되어 낙찰가율이 50~60%대까지 떨어져도 수요자를 찾기 쉽지 않다. 하지만 이런 점포도 호재가 있다면 얼마든지 수익 창출이 가능하다.

단지 내 상가는 대표적인 수익형 경매 부동산이다. 수도권 일대에서 경매로 나오는 아파트 상가는 입지와 상권이 열악하고 영업력이 약해 꾸준히 경매 시장에 나온다. 낙찰가율은 70~80% 선으로 1층을 제외하고는 대체로 유찰이 거듭되면서 최저 가격의 하락으로 이어진다. 면밀하게 상권 분석을 하고 절반 가격에 낙찰을 받은 뒤 업종을 바꿔 세를 주면 충분히 상가를 활성화할 수도 있다. 배달업이나 창고, 사무실, 학원 등으로 죽어가는 상가를 되살려 세를 줄 수도 있다. 발상의 전환을 통한 상권 분석이 필요하다.

목욕탕이나 사우나로 사용된 근린시설도 틈새 종목이다. 고유가에 따른 운영·관리비 부담에 경기침체로 손님이 줄어 경매 시장에 대거 나오지만 입찰자들이 많지 않다. 목욕탕 운영은 모두 꺼리는 사업이기 때문에 투자자들이 외면한다. 감정가의 절반에 낙찰받아 사무실, 요양원 등으로 리모델링해 재활용하면 수요는 넉넉하다. 개보수 비용을 감안해도 감정가 대비 저렴하게 낙찰받아 투자 부담이 적고 개보수도 수월해서 활용도가 높다.

부동산 등기부 보는 법

부동산 매매 계약이나 임대차 계약을 할 때 부동산등기부를 우선적으로 살펴보기는 하는데, 정확히 보는 방법을 모르는 사람들이 많다. 경매가 진행되고 있는 집인데도 전세 계약을 하고 입주해서 큰 손해를 보는 경우도 있다. 이는 부동산 계약에서 가장 기본이 되는 부동산등기부를 열람하지 않았거나 제대로 보지 못했기 때문이다. 임차인, 즉 임대차 계약에서 돈을 내고 부동산을 빌려 쓰는 사람의 입장에서는 부동산등기부를 볼 줄 알아야 경매 부동산에 얽힌 권리도 제대로 분석할 수 있다.

먼저 부동산등기부가 무엇이고 어떻게 구성되었는지 알아보면서 부동산을 매매하거나 임대할 때 주의할 점을 살펴보자.

부동산등기부는 지방법원 및 등기소에서 발급받을 수 있고, 요즘에는 대법원 인터넷등기소 사이트에서 해당 주소지를 검색하고 수수료를 지불하면 누구나 열람과 발급이 가능하다. 2018년 현재 열람 수수료는 1통에 700원, 발급 수수료는 1,000원이다. 다만 열람 서비스를 통한 출력물은 기본적으로 법적 효력이 없고, 발급 서비스를 통해 발급한 등기부(등기사항증명서)는 법적 효력을 가지며 공문서로 제출할 수 있다.

흔히 말하는 등기부등본이란 등기부를 복사해서 발급한 문서로, 정식 명칭은 '등기사항전부증명서'이다. 부동산등기부는 부동산에 관한 권리관계와 현황을 기록한 공적 장부로서 법률적 근거가 '부동산등기법'이다.

우리나라 부동산등기부는 물적 편성주의를 따른다

부동산에 대한 권리자를 기준으로 등기를 편성하는 것을 '인적 편성주의'라고 하는데, 우리나라는 등기의 대상인 개개의 부동산을 중심으로 기록하는 '물적 편성주의'를 택하고 있다. 그에 따라 부동산 하나에 등기부 하나가 존재한다. 즉, 1필지의 토지 따로, 1동의 건물 따로 등기부가 있다. 이를 각각 토지등기부, 건물등기부라고 한다. 토지등기부에는 해당 토지에 관한 권리관계, 건물등기부에는 해당 건물에 관한 권리관계가 기록되어 있다.

이는 매우 중요한 사실이다. 단독주택을 매매할 때 건물등기부나 토지등기부 하나만 살펴봐서는 뜻밖의 피해를 당할 수도 있다. 건물등기부만 확인하고 매매 계약을 했는데 나중에 그 건물이 있는 토지의 주인이 따로 있는 황당한 경우가 실제로 있다. 따라서 단독주택을 매매 계약할 때는 토지와 건물의 소유자가 동일한지 두 가지 등기부 모두 확인해야 한다.

주택 임차에서도 다툼의 여지가 있기 때문에 조심해야 한다. 토지 소유자가 임대차 계약을 한 건물 소유주와 다르다면 그런 사실을 몰랐더라도 나중에 토지 소유자가 합당한 이유로 건물을 퇴거한다며 되기하다고 해도 손쓸 방법이 없게 될 수도 있다. 이 점은 전세권 설정을 한 경우에도 마찬가지이다. 「민법」 제304조에는 '건물의 전세권, 지상권, 임차권에 대한 효력'과 관련해서 "전세권의 효력은 그 건물의 소유를 목적으로 한 지상권 또는 임차권에 미친다"며 "전세권설정자(집주인)는 전세권자의 동의 없이 지상권 또는 임차권을 소멸하게 하는 행위를 하지 못한다"고 명시되어 있다. 그러나 토지 소유자의 청구로 인한 건물 전세권자의 지상권 소멸은 이 경우에 해당하지 않는다는 대법원 판례가 있다[대법원 2010. 8. 19., 선고, 2010다43801, 판결]. 제304조에 따라 해당 건물 전세권자의 지상권을 보장하면 토지 소유자의 재산권 행사가 침해받기 때문이다.

아파트나 연립주택과 같이 건물 한 동이 몇 개로 나뉘어 각각 독립적으로 사용되는 건물을 집합건물이라 한다. 이 경우에는 등기부가 토지등기부, 건물등기부로 나뉘어 있지 않고 하나로 되어 있다. 그 대신 토지에 대한 권리는 '대지권의 표시' 항목에 기록되어 있다. 집합건물과 같이 여러 부분으로 나뉜 것 중 한 부분, 예컨대 101동 101호에 대한 소유권을 구분소유권이라고 한다. 그러므로 아파트를 소유한 사람들은 구분소유권을 갖는 것이다.

정리하면 부동산등기부에는 토지등기부, 건물등기부, 집합건물등기부 세 종류가 있다.

부동산등기부에 등기할 수 있는 권리

부동산등기부에 등기할 수 있는 권리는 다음과 같다.

1. 소유권: 물건을 전면적, 일반적으로 지배하는 권리이다. 따라서 법률의 범위 내에서 소유물을 사용, 수익, 처분할 수 있는 권리이다(「민법」 제211조). 쉽게 말하면 건물주, 토지 주인이다. 매매 또는 임대 계약을 할 때

'부동산등기법' 제3조(등기할 수 있는 권리 등) 등기는 부동산의 표시(表示)와 다음 각 호의 어느 하나에 해당하는 권리의 보존, 이전, 설정, 변경, 처분의 제한 또는 소멸에 대하여 한다.

1. 소유권(所有權)
2. 지상권(地上權)
3. 지역권(地役權)
4. 전세권(傳貰權)
5. 저당권(抵當權)
6. 권리질권(權利質權)
7. 채권담보권(債權擔保權)
8. 임차권(賃借權)

당사자와 등기부상의 소유자가 동일한지 반드시 확인해야 한다.

2. 지상권: 다른 사람의 토지에 건물, 기타 공작물이나 수목 등을 소유하기 위해 그 토지를 사용할 수 있는 권리이다(「민법」 제279조). 예컨대 영희가 철수의 땅을 빌려서 공장을 지었다면 토지와 건물의 소유자가 다르게 된다. 그런데 토지 주인인 철수가 자기 땅에 직접 연립주택을 지어 임대를 놓기 위해 영희에게 공장을 철거하라고 한다면 영희는 막대한 손해를 입게 된다. 이런 사람들을 위해 있는 것이 지상권이다. 건물에 따라 지상권은 15년에서 30년까지 보장할 수 있도록 「민법」에 정해 놓았다.

3. 지역권: 남의 땅을 통행하거나 물을 끌어 쓰는 것과 같이 '일정한 목적을 위하여 타인의 토지를 자기 토지의 편익에 이용하는 권리'(「민법」 제

291조)이다. 지역권은 소유자가 서로 다른 필지 두 곳을 전제로 하며 지역권만 따로 성립하지 않는다. 예컨대 영희가 소유한 토지가 철수가 소유한 토지에 둘러싸여서 철수의 땅을 밟지 않고서는 도로로 나갈 수 없다면 영희는 철수의 땅에 길을 내어 이용할 수 있다. 이러한 지역권은 대개 구두나 암묵적 승인으로 행사되기도 하는데, 계약을 통해 지역권을 등기하지 않으면 해당 토지의 주인이 바뀌었을 경우 승계되지 않는다.

4. 전세권: '전세금을 지급하고 타인의 부동산을 점유하여 그 부동산의 용도에 좇아' 사용해서 이익을 거두어들이는 권리로, 전세권자는'그 부동산 전부에 대하여 후순위권리자나 기타 채권자보다 전세금의 우선변제를 받을 권리가 있다.'(「민법」 제303조) 전세권자는 전세권설정자(집주인)가 전세금의 반환을 지체하면 '민사집행법'에 따라 전세권의 목적물의 경매를 청구할 수 있다(「민법」 제318조).

전세권자는 그 집에 거주하지 않아도 법적 요건에 하자가 없고 계약이 만기되었는데도 집주인이 보증금을 주지 않으면 판결 절차 없이 직접 경매를 신청할 수 있다. 문제는 전세권을 설정하려면 임대인(집주인)의 동의를 얻어야 하는데, 전세권의 이런 효력 때문에 임대인은 전세권 설정을 하지 않으려 한다. 이렇듯 「민법」이 주거 약자를 보호하는 데 있어 취약한 점을 보완하기 위해 제정된 것이 '주택임대차보호법'이다. 이에 관해서는 뒤에서 설명하겠다.

5. 저당권: '채무자 또는 제삼자가 점유를 이전하지 아니하고 채무의 담보로 제공한 부동산에 대하여 다른 채권자보다 자기 채권의 우선변제를 받을 권리'이다(「민법」 제356조). 집을 담보로 돈을 빌린 사람이 저당권설정자이고, 그 집을 담보로 돈을 빌려준 측이 저당권자이다. 집을 넘기

는 것이 아니므로 저당권 설정자는 그 집을 계속 사용할 수 있다. 저당권자는 약속한 기일 내에 저당권 설정자가 돈을 갚지 않으면 법적 소송을 거치지 않고 바로 경매를 신청해 돈을 회수할 수 있다.

부동산등기부를 보면 저당권보다 근저당권이라는 말이 더 자주 나온다. 주로 부동산 소유자가 은행을 비롯한 금융기관에서 돈을 대출했을 때 근저당을 설정한다. 근저당은 금융기관 측에서 미래에 더 있을지도 모를 대출까지 미리 담보할 목적으로 실제 채무액보다 많게 설정한다. 저당권은 채무가 소멸하면 함께 소멸하는 반면, 근저당권은 기간(결산일)을 정해 그 전까지는 채무가 소멸하더라도 유지되고, 그 대신 새로운 채무가 발생해도 새로 설정하지 않는다. 이미 설정된 근저당이 채권을 담보한다. 등기부에 저당권이 '채권액' 명목으로 명시된다면 근저당은 '채권최고액'으로 명시된다. 대개는 실제 채무액보다 20~30% 많게 채권최고액을 설정한다.

부동산을 매매하거나 임차할 때는 해당 부동산의 등기부에서 저당권, 근저당권에 설정된 금액이 얼마이고 실제 채무액이 얼마 남았는지 확인해야 한다. 부동산을 매입할 때 저당권을 인수할지 말지를 판단하고, 인수할 경우에는 그 금액만큼 부동산 가액에서 빼야 한다. 저당권을 인수하지 않을 경우에는 부동산 매수 잔금을 지급하기 전까지 매도자가 저당권을 말소한다는 것을 매매계약서에 분명히 명시하고 그 결과를 확인해야 한다. 그러지 않으면 나중에 저당권자가 해당 부동산에 대해 경매를 신청했을 때 매수인은 소유권을 잃게 된다. 임차의 경우에는 해당 부동산이 경매에 넘어갈 경우 보증금을 보존할 수 있을지 판단해야 한다.

저당권과 근저당권은 경매에 입찰할 때도 중요한 판단 기준이 된다.

이는 뒤에서 다시 알아보기로 한다.

6. 권리질권: 재산권을 목적으로 하는 질권(質權)이다. 소유권, 점유권을 제외한 물권, 채권, 주주권, 무체재산권 따위를 목적물로 한다. 질권이란 채무자가 돈을 갚을 때까지 채권자가 담보물을 간직하고, 채무자가 돈을 갚지 않을 때 그 담보물로 우선변제를 받을 권리인데 전당포와 같이 물건, 즉 동산이 담보인 경우에는 동산질권이고, 채권 등의 권리를 목적으로 설정하는 것이 권리질권이다.

7. 채권담보권: '담보 약정에 따라 금전의 지급을 목적으로 하는 지명채권(여러 개의 채권 또는 장래에 발생할 채권을 포함한다)을 목적으로 등기한 담보권을 말한다'(「동산·채권 등의 담보에 관한 법률」 제2조).

앞서 나온 지역권과 함께 권리질권과 채권담보권의 경우 내가 십수 년간 들여다본 수많은 등기부에 한 번도 등장한 적이 없다. 그만큼 현실적으로는 거의 활용되지 않으므로 개념만 이해하고 잊어버려도 된다.

8. 임차권: 당사자 일방이 상대방에게 목적물을 사용, 수익할 것을 약정하고 상대방이 이에 대해 차임, 즉 물건을 빌려 쓰고 치르는 값을 지급하겠다고 약정함으로써 효력이 생기는 권리이다(「민법」 618조). 임차권을 설정하면 전입신고나 확정일자를 받지 않아도, 즉 그 집에 임차 계약 당사자가 살지 않아도 보증금을 지킬 수 있다. 그러나 임차권도 전세권처럼 집주인의 동의를 얻어야 하므로 설정하기가 쉽지 않다. 집주인은 자기가 소유하는 부동산등기부에 이것저것 기록되는 것을 본능적으로 원하지 않는다. 보증금이 얼마나 된다고 뭐 그런 걸 하냐, 당신 아니라도 들어올 사람 많다고 핀잔을 듣지 않으면 다행이다. 그러나 임차권이 없는 채로 해당 집이 경매에 넘어갈 경우 세입자는 보증금을 날리고 빈털터리로

나와야 한다.

그런 불이익을 임차인이 당하지 않도록 임차권을 등기하지 않아도 해당 집에 입주하고 전입신고로 주민등록을 마치면 효력이 있도록 '주택임대차보호법'에 정해놓았다. 임차인인 세입자가 개인 사정상 전입신고를 할 수 없는 경우라면 어떻게 될까? 그때는 임차권 설정을 하지 않으면 최악의 경우에 보증금을 날릴 수도 있다.

또 임대차 계약을 맺고 살다가 기간이 지나 임차인이 계약을 해지하고 그 집에서 나오려고 할 때 집주인이 보증금을 내주지 않을 때 문제가 된다. 전월세를 살면서 이사를 자주 해본 사람이라면 한 번은 겪을 법한 일이다. 이 경우에도 '국민 주거생활의 안정을 보장'하기 위한 장치가 '주택임대차보호법'에 있으니 이에 관해서도 뒤에서 알아보겠다.

등기부는 표제부, 갑구, 을구로 구성된다

등기부의 기본 개념과 등기할 수 있는 권리를 바탕으로 등기부를 들여다보자. 등기부는 표제부, 갑구, 을구 세 영역으로 구성된다.

1. 등기부의 표제부

'표제'는 책이나 연설, 기사 따위의 제목이라는 뜻으로 등기부에서 표제부는 등기부 물건에 대한 제목이라고 할 수 있다. 표제부에는 해당 토지와 부동산의 소재지와 현황이 기록되어 있다.

토지등기부 표제부에는 '표시번호' '접수', '소재지번(地番)', '지목(地目)', '등기 원인' 등의 항목에 따라 현황이 기록되어 있다. 표시번호는 등기한 순서, 접수는 등기 신청서를 접수한 날, 소재지번은 토지가 위치하는 곳을 뜻한다. 지목이란 토지의 사용 목적을 나타내는데, 토지를 사거나 임대할 때는 자신이 알고 있는 지목과 등기부상의 지목이 같은지 꼭 확인해야 한다. 토지 가격은 지목에 따라 달라지고 토지 사용 목적과 등기부상 지목이 다를 경우 용도 변경이 가능한지 확인해야 하므로 지목은 반드시 확인해야 한다. 지목의 종류는 스물여덟 가지로, 법으로 정하고 있다.

「공간정보의 구축 및 관리 등에 관한 법률」
제67조(지목의 종류) ① 지목은 전·답·과수원·목장용지·임야·광천지·염전·대(垈)·공장용지·학교용지·주차장·주유소용지·창고용지·도로·철도용지·제방(堤防)·하천·구거(溝渠)·유지(溜池)·양어장·수도용지·공원·체육용지·유원지·종교용지·사적지·묘지·잡종지로 구분하여 정한다.

지목이 '대'라고 기록된 경우, 이는 '집터로서의 땅'을 뜻하는 대지(垈地)의 준말로, 해당 토지에 집이나 건물이 있음을 뜻한다. 이 책에서 주로 다루는 아파트를 비롯한 주택이 있는 토지에는 지목이 '대'라고 적혀 있다. 그 외 지목에 관해 더 자세히 알고 싶으면 「공간정보의 구축 및 관리 등에 관한 법률」과 같은 법 「시행령」 제58조 등을 참고한다.

표제부에서 등기 원인 및 기타 사항에는 표제부에 관한 등기 원인, 지번 변경 등의 내용이 기록된다.

토지등기부 표제부에서는 자신이 계약하려는 토지와 관련해 주소, 실제 면적, 지목, 현재 소유자가 등기부에 나타난 정보와 일치하는지 반드시 확인해야 한다.

건물 등기부 표제부에는 표시번호, 접수, 소재지번 외에 건물 번호와 건물 내역이 포함된다. 면적과 건물 구조, 구조 변경이나 증축 등의 건물 내역, 등기원인 등 건물 현황이 기록되어 있다. 부동산을 매입하든 임대하든 해당 계약서상의 주소와 등기부상의 주소가 일치하는지도 반드시 확인해야 한다.

앞서 언급했듯이 집합건물 등기부의 경우 토지와 건물에 관한 내용이 하나의 등기부에 들어 있다. 집합건물의 경우 전체 건물 1동(○○아파트 101동)에 대한 표제부와 개개 건물(○○아파트 101동 101호)에 관한 표제부로 구성된다. 먼저 '1동의 건물의 표시'와 '대지권의 목적인 토지의 표시'가 나온다. '1동의 건물의 표시'에는 표시번호, 접수 날짜, 건물 1동의 위치(주소)와 건물을 구성하는 주재료, 구조, 층수, 면적 등 건물 내역과 등기원인이 기록된다. 해당 건물이 언제 생겼는지 알 수 있다. '대지권의 목적인 토지의 표시'에는 표시번호, 주소, 용도(지목), 면적, 등기원인이 기록된다.

이제부터 집합건물에 속하는 부동산을 실례로 하여 해당 부동산을 매수 또는 임차해도 되는지, 이 집에는 권리관계가 어떻게 얽혀 있는지 살펴보자.

'전유부분의 건물의 표시'와 '대지권의 표시'가 나온다. 전유부분이란 각 세대가 전적으로 사용하는 독립적 공간이다. '전유부분의 건물의 표시'는 집합건물에 속한 한 세대에 관한 기록으로 '건물번호' 칸에 층과 호수, '건물내역'에 면적 등이 표시된다. 여기에 나오는 부분이 이른바 전용면적인데, 이 면적은 통상 공급면적 또는 분양면적보다 작다. 공용면적이 포함되지 않기 때문이다.

〈집합건물 등기부 표제부에서 1동의 건물 표시의 예〉

등기사항전부증명서(말소사항 포함) - 집합건물			
[집합건물] 서울특별시 강남구 도곡동			고유번호 1146-1996-048406

【 표 제 부 】 (1동의 건물의 표시)				
표시번호	접 수	소재지번,건물명칭 및 번호	건 물 내 역	등기원인 및 기타사항
1 (전 2)	1995년4월5일	서울특별시 강남구 도곡동	철근콘크리트조 경사지붕 10층 공동 주택 지하1층 461.10㎡ 지하2층 918.02㎡ 1층 486.63㎡ 2층 486.63㎡ 3층 486.63㎡ 4층 486.63㎡ 5층 454.06㎡ 6층 433.84㎡ 7층 363.56㎡ 8층 301.38㎡ 9층 292.78㎡ 10층 191.60㎡	
				부동산등기법시행규칙부칙 제3조 제1항의 규정에 의하여 1995년 11월 24일 전산이기

(대지권의 목적인 토지의 표시)				
표시번호	소 재 지 번	지 목	면 적	등기원인 및 기타사항
1 (전 1)	1. 서울특별시 강남구	대	1236㎡	1995년4월5일

열람일시 : 2018년04월05일 14시12분04초

1/5

'대지권의 표시'에는 집합건물이 속한 대지 중 각 전유 세대의 지분에 해당하는 토지 규모가 기록돼 있다. '대지권 종류' 칸에는 대지권의 대상이 되는 권리를 표시되는데 일반적으로 '소유권 대지권'이라고 기록돼 있다. 이는 대지권에 대한 권리가 소유권이라는 의미이고, '대지권 비율'은 1동 건물에 속한 전체 토지 가운데 해당 전유부분이 차지하는 지분 비율을 표시한다. 예를 들어 건물이 차지한 땅이 200평인데 지분이 1/5이라면 이 집 몫의 땅은 40평이라는 뜻이다.

이 3○○호의 전용면적은 232㎡으로 평수는 70여 평이고, 대지 지분은 전체 대지 면적 1,236㎡ 가운데 71.42㎡로 21평 남짓이다.

집합건물 등기부 표제부에 기록된 항목이 무엇무엇인지 머릿속에 떠오르는가? '1동의 건물의 표시', '대지권의 목적인 토지의 표시', '전유부분

〈집합건물 등기부 표제부에서 전유부분에 대한 표시의 예〉

[집합건물] 서울특별시 강남구 도곡동 ▨▨▨▨▨▨▨ 　　　　고유번호 1146-1996-048406

표시번호	소 재 지 번	지 목	면 적	등기원인 및 기타사항
				부동산등기법시행규칙부칙 제3조 제1항의 규정에 의하여 1998년 11월 24일 전산이기

【 표 　 제 　 부 】 　　(전유부분의 건물의 표시)				
표시번호	접 수	건물번호	건 물 내 역	등기원인 및 기타사항
1 (전 1)	1998년2월27일	제3층 제301호	철근콘크리트조 222.00㎡	
				부동산등기법시행규칙부칙 제3조 제1항의 규정에 의하여 1998년 11월 24일 전산이기

(대지권의 표시)			
표시번호	대지권종류	대지권비율	등기원인 및 기타사항
1 (전 1)	1 소유권대지권	1236분의 71.42	1998년3월26일 대지권 1998년4월8일
			부동산등기법시행규칙부칙 제3조 제1항의 규정에 의하여 1998년 11월 24일 전산이기

의 건물의 표시', '대지권의 표시'이다. 집합건물에 속하는 부동산을 살 때는 이 네 가지 항목이 모두 제대로 기록되어 있는지 반드시 살펴야 한다. 여기서 문제가 될 수 있는 것은 '대지권의 표시'이다. 대지권이 반드시 소유권인 것은 아니라는 이야기이다. 임차권 대지권, 지상권 대지권, 전세권, 대지권도 있다. 해당 건물에 대지권이 설정되어 있지 않으면 대지권의 표시를 생략하는데, 해당 건물의 소유자에게는 건물에 관한 소유권만 있다는 뜻이다. 그러면 그 부동산이 경매에 넘어갔을 때 평가액이 낮아질 수밖에 없다. 드문 경우이기는 하나 집합건물 등기부에 대지 지분이 표기되어 있지 않을 경우에는 토지등기부를 확인해야 한다.

2. 등기부의 갑구

갑구에는 부동산등기부에 등기할 수 있는 권리 가운데 소유권에 관한 사항이 기록된다. 따라서 소유권의 변동과 가등기, 압류등기, 가압류등기, 경매개시결정등기, 가처분등기와 같은 사항을 갑구에서 확인할 수 있다.

가등기는 본등기(종국등기)를 할 요건이 갖춰지지 않은 상태에서 본등기의 순위를 보전하기 위해 임시로 하는 등기이다. 가처분은 다툼의 대상과 관련한 "현상이 바뀌면 당사자가 권리를 실행하지 못하거나 이를 실행하는 것이 매우 곤란할 염려가 있을 경우에" 소유자의 처분을 금지하는 법적 조치이다. 또 다툼이 있는 권리관계에 대하여 임시의 지위를 정하기 위해서 할 수도 있다('민사집행법' 제300조). 가압류는 일정한 액수의 돈을 지급받을 것을 내용으로 하는 "금전채권이나 금전으로 환산할 수 있는 채권에 대하여 동산 또는 부동산에 대한 강제집행을 보전하기 위하여"('민사집행법' 제276조) 하는 것이다. 예컨대 채무자가 재산을 숨기거나 처분할 우려가 있을 때 그것을 막기 위해 미리 그 재산을 압류하는 법적 조치이다.

갑구는 '순위번호', '등기 목적', '접수', '등기원인', '권리자 및 기타 사항'으로 구성된다. 순위번호는 등기한 순서를 뜻한다. 이 칸에 적힌 순서에 따라 부동산에 관한 권리들 사이에 우선순위가 정해진다. 등기목적 칸에는 소유권 변동, 가등기, 압류, 근저당 등 등기 내용이 적힌다. 이 칸에 가등기, 가처분, 예고등기, 가압류, 압류, 경매 등이 있다면 소유권에 대한 분쟁의 소지가 있을 수 있으니 각별히 주의해야 한다. 이때 순위번호에 나오는 등기 순서가 권리의 우선순위다. 최근에 소유권이 자주 변동된 경우나 실제 소유권자인지(상속을 받은 경우) 의심스러운 경우에는 등기부상의 소유자라 하더라도 나중에 실소유자인지 여부로 다툼이 생길 수 있으니 역시 주의해야 한다.

접수 칸에는 등기 신청서를 접수한 날짜와 신청서를 접수하면서 부

여받은 접수번호를 알 수 있다. 등기원인에서는 등기의 원인과 그 원인이

발생한 날짜를 확인할 수 있다.

　권리자 및 기타사항 칸에서는 부동산의 권리자 등을 알 수 있다. 소유

권 변동에 관한 내용이 등기한 순서대로 기재되므로 마지막 부분에서 현

재 부동산 주인이 누구인지 확인할 수 있다. 토지나 건물을 공유할 수도

있는데, 단독 소유이면 '소유자', 공동 소유이면 '공유자'로 지분이 표시된

다. 소유자(또는 공유자)가 누구이냐는 가장 기본적으로 확인해야 할 사항

이다.

<집합건물 등기부 갑구의 예>

[집합건물] 서울특별시 강남구 도곡동				고유번호 1146-1996-048406
【 　갑　　　구　 】		(소유권에 관한 사항)		
순위번호	등 기 목 적	접　　수	등 기 원 인	권 리 자 및 기 타 사 항
1 (전 1)	소유권보존	1995년2월27일 제11771호		소유자
				부동산등기법시행규칙부칙 제3조 제1항의 규정에 의하여 1995년 11월 24일 전산이기
1-1	1번등기명의인표시변경	2012년4월30일 제96736호	2011년10월31일 도로명주소	
2	가압류	2012년7월30일 제176047호	2012년7월27일 서울중앙지방법원의 가압류결정(2012카단293 3)	청구금액 금300,000,000 원 채권자 한국저축은행 주식회사 서울 중구
3	가압류	2013년1월15일 제10153호	2013년1월9일 서울중앙지방법원의 가압류결정(2012카단74)	청구금액 금300,000,000 원 채권자 진흥저축은행 주식회사 서울 중구
4	강제경매개시결정	2017년9월11일 제174730호	2017년9월11일 서울중앙지방법원의 강제경매개시결정(2017 타경104662)	채권자 파산자 한국저축은행 주식회사의 파산관재인 예금보험공사 서울 중구
5	가압류	2017년11월29일 제227425호	2017년11월29일 서울중앙지방법원의 가압류 결정(2017카단48699)	청구금액 금30,102,544 원 채권자 하나카드 주식회사 서울 중구 (소관 : 채권관리팀)

　새로 제시한 이 등기부 갑구만을 근거로 300호에 무슨 일이 있었

는지 순위번호를 따라 살펴보자. 맨 먼저 나오는 등기목적인 '소유권보존'

이란 아직 등기를 하지 않은 건물에 처음으로 이뤄진 소유권 등기를 뜻한

다. '권리자 및 기타사항'에 소유자 이름이 나온다. 즉 1995년 2월 27일 이 ○○ 씨가 이 건물의 최초 소유권자가 되었다.

표시번호 1-1은 주소가 도로명으로 바뀌면서 실체와 등기부상 표시를 일치하기 위한 등기로서, 이런 경우에는 등기관이 직권으로 변경등기를 할 수 있다. 2012년 7월과 2013년 1월에 각각 3억 원을 청구한 가압류 등기가 설정되었다. 가압류가 설정되어도 부동산 소유자는 여전히 그 집에 살 수 있다.

그로부터 4년 뒤인 2017년 9월, 법원 판결에 의해 이 부동산은 강제경매에 부쳐졌다. 이 사실을 알 수 있는 순위번호 4번의 등기원인에 2017년 9월 11일 서울중앙지방법원의 강제경매개시결정(2017타경 104652)라고 기입이 되어 있는데 이것은 강제경매가 진행되고 있다는 의미이고, 등기부등본을 열람하여 강제경매 개시결정 및 임의경매 개시결정등의 기입이 되어 있으면 해당 주택 임차인 혹은 제3자는 시세 파악등을 통해 자신의 보증금등이 보전될 수 있는지를 검토해 봐야 한다. 또한 임대차계약을 체결하려는 임차인은 등기부등본을 열람하여 경매개시결정 기입이 되어 있다면 임대차를 포기하고 다른 집을 알아 보는 것이 자신의 보증금을 안전하게 지킬 수 있는 길이다. '권리자 및 기타사항'에 '파산관재인'이라는 말이 나온다. 파산관재인이란 회사가 파산했을 때 파산 절차에서 그 회사 총재산의 점유, 관리, 가치 환산, 배당에 관한 업무를 수행하는 공적 기관으로 법원에서 선임한다. 즉, 한국저축은행이 파산했고 한국저축은행의 파산관재인으로 예금보험공사가 이 경매 사건의 채권자로 정해진 것이다. 예금보험공사는 파산한 금융회사의 재산을 관리하고 예금자의 예금 지급을 보장하는 기관으로, '예금자보호법'에 근거해 설립된 공기업이다.

그리고 경매 절차를 밟는 중인 2017년 11월에 하나카드에서도 가압류 등기를 한 것을 순위번호 5번에서 알 수 있다.

이 부동산은 이미 경매가 진행되고 있으므로 매입하거나 임차하기에는 적절하지 않다. 그렇다면 해당 경매에 응찰하는 것은 어떨까? 판단할 근거가 아직 부족하다. '을구'를 살펴봐야 한다.

3. 등기부의 을구

을구에는 소유권 이외에 등기할 수 있는 권리에 관한 사항이 기록된다. 앞서 살펴본 저당권, 전세권, 지상권, 지역권, 권리질권, 채권담보권, 임차권 등의 설정과 변경 등에 관한 사항을 확인할 수 있다.

이 권리들은 소유권에 영향을 주지는 않으나 소유권을 담보로 하는 권리 사항들이기 때문에 채무불이행으로 인해 소유권에 영향을 줄 수 있다. 여기에 해당되지 않는 부동산등기부에는 '을구'가 생략된다. 전적이 깨끗하다는 의미이다.

을구는 갑구와 마찬가지로 '순위번호', '등기목적', '접수', '등기원인', '권리자 및 기타사항'으로 구성된다.

을구와 관련해 가장 흔한 사례는 전세 계약을 할 때 근저당권, 즉 융자(대출)가 있는 경우이다. 예를 들어 부동산등기부의 을구 난에 근저당권자로서 홍길동이 채권최고액을 1억 5천만 원 설정했다면 실제 채권액은 대략 1억 1,500만 원 정도이다. 보통 채권최고액은 경매 진행 시 채권자의 1년 동안 연체이자와 법적 비용을 보장받기 위해 실제 금액의 120~130%를 설정하기 때문이다. 이와 같이 근저당이 설정되었다면 제3자 또는 근저당권자 부동산 경매 시 낙찰 예상 금액을 따져서, 전세 계약을 체결해도 안전한지 반드시 확인해야 한다. 채권최고액과 전세금을 합한 금액이 경매 시 낙찰 예상 금액보다 적어야 안전하다는 의미이다. 그러므로 인터넷이나 부동산 관련 언론매체를 통해 비슷한 건물의 감정가나 낙찰가율을 찾아보고 전세 물건에 대해 올바른 판단을 해야 한다. 경우에 따라서는 임차인이 소유자에게 전세금으로 일부 융자를 갚아서 채권최고액을 감액하도록 요구할 필요도 있다. 그렇게 되면 등기상의 채권최고액을 낮출 수 있고 임차인은 불의의 사태를 막을 수 있다.

그런데 채권최고액은 설정한 한도 내에서 실제 채권액을 줄이거나 늘릴 수 있다. 채권최고액이 1억 5천만 원으로 설정되어 있는데, 임차인은 공인중개사에게 소유자가 융자를 갚아 5천만 원만 남았다는 말을 듣고 전세 계약을 맺었다고 가정해 보자. 이 임차인은 자신이 낸 보증금과 5천

〈집합건물 등기부 을구의 예〉

순위번호	등 기 목 적	접 수	등 기 원 인	권 리 자 및 기 타 사 항
1	근저당권설정	1999년8월28일 제67674호	1999년8월28일 설정계약	채권최고액 금280,000,000원 채무자 근저당권자 서울 중구 을지로2가 181 (역삼동지점)
2	근저당권설정	2000년4월11일 제27022호	2000년4월10일 설정계약	채권최고액 금300,000,000원 근저당권자 (삼풍중앙지점)
2-1	2번등기명의인표시변경	2013년6월7일 제111531호	2013년6월6일 취급지점변경	주식회사하나은행 취급지점 명동6부
2-2	2번근저당권이전	2013년6월7일 제111532호	2002년12월2일 회사합병	근저당권자 주식회사하나은행 서울특별시 중구 (명동2부)
2-3	2번근저당권변경	2013년6월7일 제111533호	2013년6월6일 변경계약	채권최고액 금84,000,000원
2-4	2번근저당권이전	2015년9월9일 제246408호	2015년9월1일 회사합병	근저당권자 주식회사하나은행 서울특별시 중구

[집합건물] 서울특별시 강남구 도곡동   고유번호 1146-1996-046406

【 을 구 】 (소유권 이외의 권리에 관한 사항)

열람일시 : 2015년04월06일 14시12분04초   4/5

만 원을 더한 금액이, 그 부동산이 경매에 넘어갔을 때 예상되는 낙찰 금액보다 적다고 판단했다. 이제 임차인은 안심해도 될까? 전세 계약 당시 실제 채권액은 5천만 원이었으나 그 후 소유자가 그 은행에서 추가 대출을 받아 대출금이 1억 원으로 늘었다면, 이 경우 그 집이 경매에 넘어가면 은행이 선순위이고 임차인 그다음 순위가 된다. 왜냐하면 채권액이 바뀌는 시점을 기준으로 잡는 것이 아니라 등기부상에 근저당권을 설정한 시점을 기준으로 하기 때문이다.

이 부동산은 근저당권이 두 개 설정되어 있다. 근저당권자는 1999년 6월 채권최고액 2억 8천만 원을 설정한 한국외환은행과 2000년 채권최고액 3억 원을 설정한 하나은행이다. 그런데 1999년에 등기한 근저당권의 채무자는 이 씨가 아니라 정○○이다. 아마 친인척 관계이거나 개인적 관계로 담보제공을 한 것으로 추정되는데, 실제 채무자가 누구인지에 따라 해당 부동산에 얽힌 권리관계가 달라지지는 않는다. 2000년 설정된 근저당권의 경우에는 채권최고액과 근저당권자에는 빨간 줄이 그어 있는데, 그다음에서 이유를 알 수 있다. 등기명의인 표시변경, 저당권 이전, 변경 등을 통해 하나은행의 채권최고액이 2013년에 8,400만 원으로 줄고 2015년에 근저당권자 주소가 바뀌었다.

이 부동산등기부 갑구에서 해당 부동산이 2012년 한국저축은행의 가압류를 근거로 2017년에 예금보험공사를 채권자로 하는 경매에 들어간 것을 기억할 것이다. 그런데 을구를 살펴보니 근저당권 설정 시기가 1999년과 2000년으로 한국저축은행의 가압류보다 앞서 있다.

이쯤에서 궁금증이 생긴다. 예금보험공사는 경매를 통해 가압류 청구 금액인 3억 원을 온전히 회수할 수 있을까? 그럴 수도 있고 아닐 수도 있다.

경매 부동산이 매각되면 법원에서는 해당 부동산에 얽힌 권리에 따라 매각 대금을 배당한다. 이때 등기 설정 시기가 가장 앞서는 권리부터 배당한다. 좀 더 깊이 들어가면 여러 가지 변수가 있지만, 여기서는 이 점만 알아놓자.

부동산에 얽힌 금전적 권리는 가압류 세 건의 합 6억 3,010만 3,544원과 근저당권 두 건의 합 3억 6,400만 원을 더해 모두 9억 9,410만 3,544원이다. 여기에 경매 부동산 매각 대금에서 가장 먼저 변제되는 경매집행 비용을 고려하고 해당 부동산 관련 권리관계에 다른 변수가 없다면 이 부동산이 10억 원 이상에 낙찰되는 경우에는 예금보험공사는 가압류 청구금액 3억 원을 회수할 수 있다. 예금보험공사뿐 아니라 모든 권리 주체가 청구 금액을 회수할 수 있다. 부동산 위치와 규모로 볼 때 10억 원은 충분히 넘는 가격에 낙찰될 공산이 크다. 실제로 이 부동산은 감정가가 15억 5,000만 원이었고, 올해 초 같은 집합건물 부동산이 21억 원에 매매되었다.

그러나 10억 원 이하로 매각될 경우에는 예금보험공사에서는 청구 금액 일부를 회수하지 못하고, 가능성은 매우 낮으나 4억 이하에 매각되면 청구 금액 전부를 회수하지 못하게 된다. 경매 신청 주체는 예금보험공사이지만 그보다 권리가 앞서는 근저당권자가 먼저 배당을 받기 때문이다.

한 가지 변수만 언급하면, 10억 원 이상으로 매각되더라도 예금보험공사에서 돈을 회수하지 못할 수 있는데, 부동산등기부에 기록되지 않은 선순위 임차인이 있는 경우에 그렇다. 경매에 응찰할 때는 이 점도 고려해야 한다.

4장

★ 투자 성공률을
높이는
실전 노하우

나만의 조력자를 만들어라

직장인은 자유롭게 시간을 내기 힘들다. 직장인이 시간을 낼 수 있는 일요일에는 부동산중개업소가 문을 닫고, 경매법원은 직장에서 일하는 평일에 열린다. 그러나 마음먹기에 따라 가족, 애인, 친구 등 누구나 조력자가 될 수 있다. 경매에 입문하는 직장인이라면 조력자를 만들고 당당하게 부탁하자. 그러나 가까운 사람이라면 필요성보다 소통이 먼저이다. 평소에 충분히 소통하고 공감하면 도움이 필요할 때 손을 내밀어줄 것이다.

소규모 스터디에 참여해 새로운 인간관계를 맺고 도움을 받는 것도 방법이다. 그 사람에게 당신도 다른 방면으로 조력자인 셈이다. 부동산 경매가 내 생활의 일부가 되었다면 최근에 읽은 경매 관련 책, 입찰장에 다녀온 경험, 알쏭달쏭한 법률 용어, 새로 알게 된 법 조항, 종잣돈 고민 등을 가까운 사람들과 공유하자.

넓게 보면 조력자는 사람에 국한되지 않는다. 차곡차곡 쌓이는 임장 보고서는 결코 배신하지 않는 건실한 조력자 역할을 한다.

1. 배우자, 가족, 애인, 친구를 활용하라

물건을 확인하기 위해서는 임장을 나가야 하고, 낙찰을 받고자 한다면 그만큼 입찰을 자주 해야 한다. 그런데 직장인은 평일에 시간을 내기가 쉽지 않다. 월차를 쓸 수도 있지만 매번 그러기는 곤란하다. 따라서 직장인에게는 입찰 대리인이 필요하다. 경매는 몇 백만 원에서 몇천만 원이 되는 입찰보증금을 맡겨야 하는 만큼 믿을 만한 사람이어야 한다. 최적격자는 배우자이다. 배우자와 함께 부동산 경매 재테크를 하면 여러모로 좋다. 임장을 나가기에도 좋고 입찰일 걱정도 없으며, 경매 물건 검토와 입찰가 결정에 신중에 신중을 기할 수 있다. 무엇보다 노력의 결실을 함께 누리는 경제공동체이니 그보다 좋을 수 없다. 그다음 적격자는 형제자매이고, 그 다음은 사람마다 다를 수 있다. 주변 사람들에게 조금만 관심을 기울이면 조력자를 찾기는 어려운 일이 아니다.

주위를 아무리 둘러봐도 도와줄 지인이 없다면 경매 관련 업무를 보는 사무소에 대리 입찰을 의뢰하는 것도 방법이다. 내가 금융기관에 다닐 때는 업무상 거래하는 법무사 사무장에게 얼마간의 사례금을 지불하고 대리 입찰을 의뢰했다. 그런 사람들은 경매 관련 일이 본디 업무이다 보니 입찰에서 실수하지 않는다는 것이 장점이다.

비전문가에게 대리 입찰을 맡길 경우에는 입찰 준비물을 챙겨주고 입찰 과정을 차분히 알려주어야 한다. 모르는 게 있으면 스스럼없이 집행관에게 물어보면 된다고 자신감을 불어넣는 것도 잊지 말자.

명도 과정에서도 조력자가 있으면 든든하다. 낙찰받은 집에 나 홀로 가는 것과 누군가와 함께 가는 것은 마음부터 다르다. 내 소유가 된 집을 여전히 붙들고 있는 점유자에게 연락할 때 낙찰자가 자신을 '낙찰자 대리인'으로 소개하는 경우가 많다. 직접 만나 감정 싸움을 하지 않고 무미건조, 사무적, 객관적으로 명도를 처리할 요량으로 대리인 행세를 하는 것이다.

그러나 대리인 행세를 하는 것도 쉽지는 않다. 나의 재산이 걸린 일이기에 평정심을 유지하기 힘들기 때문이다. 이때 마음 맞는 조력자가 있다면 훨씬 수월하다.

또 경매 물건을 검색하고 선택하는 과정에서 조력자에게 조언을 구할 수도 있다. 조력자와 함께 임장을 나가면 내가 보지 못한 것을 파악할 수도 있어 여러모로 도움이 된다. 패찰을 거듭할 경우 나를 위로해 줄 사람 역시 조력자이다.

조력자가 굳이 친인척 관계일 필요는 없다. 직장 동료도 좋다. 어쩌면 가족보다 대화가 잘 통할 것이다. 단, 어느 정도 경험을 쌓기 전까지, 한 수 가르칠 수 있기 전까지는 상사한테 말하지 말자. 근무 시간에 일을 하지 않고 경매에만 몰두한다는 오해를 살 수 있다.

2. 공인중개사는 조언자이다

공인중개사는 그 지역과 경매 물건 주변의 부동산 시장 상황을 누구보다 잘 알고 있는 사람이다. 앞에서도 말했듯이 입찰하기 위해서는 정확한 시세를 아는 것이 아주 중요하다. 공인중개사에게 시세 문의는 물론 현재 그 지역의 공급 물량도 확인할 수 있다.

세상에 공짜는 없다. 기브앤드테이크는 거래 기술의 기본 중 기본이다. 공인중개사에게 정확한 시세를 제공받았다면 나도 뭔가를 주어야 한다. 낙찰받으면 임대 중개를 의뢰하고 싶다고 말한다. 물론 낙찰을 받은 뒤에 더 좋은 조건으로 임대를 놓는 부동산중개업소를 알아볼 수도 있지만, 약속을 지키는 임대사업가가 되자.

공인중개사는 집수리를 어느 정도 해야 하는지 지적해 줄 수 있는 충실한 조언자가 되기도 한다. 집수리를 어떻게 해야 임대가 잘되는지 안목을 가지고 있기 때문이다. 공인중개사에게 집수리(인테리어) 잘하는 업체 두세 곳을 소개받을 수도 있다. 동일한 조건으로 견적을 문의한 뒤 결정한다. 또한 공인중개사는 내가 원하는 세입자나 이사 날짜를 맞춰줄 수 있다. 여러모로 튼실한 조력자 역할을 할 공인중개사를 잘 물색하자.

3. 인테리어업자, 집 수리업자를 알아두어라

'보기에 좋은 떡이 먹기 좋다'는 말이 있다. 낙찰받은 부동산의 도배와 장판만 바꿔도 집이 달라 보인다. 새 집처럼 좋아 보이면 더 좋은 조건으로 임대를 하거나 매각할 수 있다. 화려한 집보다는 깨끗하고 깔끔한 집을 만드는 데 신경 쓰자. 내가 살고 싶은 집이라면 다른 사람들도 살고 싶지 않을까.

적당한 인테리어업자를 알고 있지 않다면 부동산중개업소나 다른 지인에게 소개받는 것도 좋다. 소개받은 인테리어업자가 있다면 함께 일해 보고 판단해도 늦지 않다.

하자 없는 부동산을 낙찰받으면 좋겠지만 겉보기에는 멀쩡해도 내부에 문제가 있을 수 있다. 특히 비가 많이 내리는 여름 장마철과 추운 계절에 문제가 드러나기 쉽다. 임대를 하지 못해 여러 달 빈집으로 방치된 경우에도 문제가 생긴다. 집수리업자와 안면을 트고 관계를 맺는다면 집에 문제가 생겼을 때 바로 연락해서 도움을 요청할 수 있고, 제대로 하자 보수를 할 수 있다. 부동산 경매를 하면서 알게 된 인적 네트워크를 최대한 활용해 도움을 받고, 나 역시 상대가 필요하다면 성심성의껏 도움을 주자. 그렇게 관계를 맺고 인연을 만나다 보면 부동산과 관련된 분야에서 일하는 다양한 사람들을 알게 될 것이다. 어느 분야이든 사람이 재산이다.

부동산 경매 경험이 쌓이고 자신이 붙으면 좀 더 수익률이 높고 규모 있는 부동산에 도전해 볼 수 있다. 그런 경우 인테리어업자나 집수리업자는 훌륭한 파트너가 될 수 있다. 실제로 경매 전문가와 인테리어업자가 한 팀이 되어 공동입찰을 하는 경우도 있다.

경매 보고서를 작성하라

학창 시절에 '나만의 오답 노트'나 '나만의 취업 수첩'을 만들어 본 사람은 그것이 얼마나 도움이 되는지 잘 알 것이다. 부동산 경매도 마찬가지다. 나만의 경매 물건 보고서를 만들어보자. 각종 자료를 보기만 하는 것과 직접 쓰거나 입력하면서 자기 언어로 바꾸는 것은 이해나 관심 차원에서 전혀 다르다. 눈으로 읽을 때는 모두 알아들은 것 같아도 막상 쓰려면 제대로 기억이 나지 않는다. 그 과정에서 자료를 또다시 들여다보면 자연스럽게 반복 학습이 된다. 남이 작성한 내용을 자기 말로 바꾸고 줄이는 과정에서 그 내용이 더욱 또렷이 머릿속에 들어온다. 그렇게 되면 물건에 대한 인식이 확실해지고 객관적으로 볼 수 있게 된다. 또한 자료에서 빠진 것이 무엇인지 체크할 수 있고, 경매 정보를 어떻게 검증할지 계획을 세울 수 있다. 결과적으로 응찰 여부와 입찰가 산정에서 좀 더 정확한 판단을 할 수 있다.

• 나만의 경매 물건 보고서

보고서는 형식보다 내용에 집중해야 한다. 어떤 형식이 좋을지보다 어떤 내용으로 채울지에 따라 형식을 개발하면 된다. 예를 들어 보고서 내용에는 크게 네 가지를 포함할 수 있다.

① 경매 물건 개요(입지 조건, 현황보고서, 감정평가서 등 참고)
② 권리분석(등기부등본, 매각물건명세서 등 참고)
③ 수익률 분석
④ 기타(특이 사항)

처음에는 보고서에 어떤 내용을 넣을지 고민하느라 시간을 보내고 어떻게 할지 시행착오도 겪을 것이다. 처음에는 부담 없이 간단하게 시작한다. 내용은 차차 채워나가면 된다. 하루에 한 번은 보고서를 들여다보고 무엇이든 적어본다. 회사에 제출하는 보고서가 아니므로 내 마음대로, 내 편의대로 만들면 된다.

경매 물건에 대해 기록하는 것 자체에 익숙해지고 나면 그다음에는 내용을 신경 쓰게 된다. 찬찬히 읽으며 빠진 내용이 없는지 확인하고 추가한다. 한 건의 경매 물건에 대해 보고서를 쓰고 보충하다 보면 자연스럽게 그 물건이 내 머릿속에 들어온다. 감이 잡힌다고 해야 할까. 보고서를 읽으면서 궁금증과 확인 사항 등도 메모

하자. 어느새 보고서가 알차고 두툼해질 것이다.

낙찰이 끝난 물건을 사례로 들어서 낙찰받기까지 어떤 검토가 필요한지, 보고서에 무엇을 기록하고 어떤 내용을 담을지 구상해 보자.

먼저 경매 물건에 대한 개요를 작성한다. 경기도 용인시 기흥구에 있는 11층 아파트를 낙찰받았다고 해보자. 이 아파트는 동측 인근에 중학교가 위치해 있고, 부근에 공동주택, 주상용건물, 근거리에 공공시설 및 근린생활시설 등이 있어 제반 주위 환경이 무난한 편이다. 아파트에 대한 감정가 2억 700만 원으로 아파트에 대한 기대 가치와 주변 상권 등의 영향으로 향후 가격이 올라갈 것으로 판단된다.

둘째, 권리분석을 해보자. 이 아파트에 채무자 겸 소유자 우○○이 거주하고 있다고 해보자. 이 물건은 낙찰 후 명도에 따른 이사비를 지급하지 않아도 되는 경우다. 채무자 겸 소유자자 거주할 경우 명도 대상이 되기 때문에 본 물건은 세입자에 대한 명도 부담이 전혀 없는 물건이다.

셋째, 수익성을 분석해 보자. 감정가 2억 700만 원 아파트를 1억 8,015만 원에 낙찰받았고, 약 3천만 원의 시세차익을 보고 2억 1천만 원에 바로 매각했다. 낙찰가 1억 8천만여 원의 80%인 1억 4,400만 원을 대출받았으며, 실투자금액은 4,215만 원(도배, 장판비 등 300만 원, 취득세 및 법무비 등 300만 원 포함)을 지출했다. 양도차익은 2억 9,850만 원, 양도세는 1,242만 5천 원, 수익률은 약 41%로 꽤

괜찮은 물건이었다.

이 경매 낙찰 과정에서 사건 개요와 유의미하다고 판단하는 항목을 기록해 보자.

• 임장 보고서 작성법

임장 보고서는 간단하게 따로 만들어도 되고, 번거로우면 경매 물건 보고서에 임장 관련 항목을 만들어도 된다. 나는 임장 보고서를 핵심만 간단히 따로 만드는 편이다. 임장을 나가기 전에 직접 확인할 사항, 해당 지역에서 중개인이나 주민에게 물어볼 것을 간단히 메모하면 보고서 작성에도 도움이 된다.

앞 장에서 임장은 자료 조사의 시작이 아니라고 끝이라고 말했다. 따라서 내 임장 보고서는 하나의 경매 물건에 대한 최종 분석 보고서이므로, 내가 정한 낙찰가와 그에 따른 수익성 분석, 비용 마련과 명세도 포함된다.

〈임장 보고서 예〉

물건 개요	
물건 주소	서울 송파구 석촌동 7○○-○○ ○○빌라 ○○○호
사건 번호	동부3계 2014타경135○○
물건 현황	다세대 총 4층 (방 3, 욕실 2, 발코니 2)
전용 면적	64.86㎡(19.62평)
대지 지분	28.26㎡(8.55평)

건축 연도	1997(증축 1999)			
입찰일	2015. 9. 21.(서울동부지방법원3계)			
경매 진행	감정가		최저가(80%)	
	3억 3천만 원		2억 6,400만 원	
유사 물건 시세	매매		전세 / 월세	
	3억 5천만 원 (급매 3억 3천만 원)		전세 2억 원 / 보증금 5천만 원, 월세 80만 원	
장점	석촌역, 석촌호수 인접 / 주변 환경 깨끗, 조용 / 건물 앞뒤 트임			
단점	방범창 없는 1층			
향후 호재	2016년 6월 9호선 개통 예정			
수익률 계산	실투자금 (①+②+③) = 18,000,000		예상 수익 (④+⑤) = 44,600,000	
	① 낙찰가	자기자본 60,000,000 타인자본 220,000,000	⑤ 세금	양도소득세 7,400,000
		낙찰가 280,000,000		
	② 추가 비용	취득세 4,000,000 수리비용 2,000,000 이사비용 2,000,000	④ 매매차익	매도가 340,000,000
				낙찰가 280,000,000
		8,000,000		추가 비용 8,000,000
	③ 회수 금액	보증금 50,000,000		양도소득세 7,400,000
				44,600,000
기타				

한 달에 두 번 이상은
응찰하라

경매는 많이 도전해봐야 노하우가 쌓이고 방법을 터득하게 된다. 처음 몇 번은 입찰장과 경매 현장의 분위기를 맛본다는 가벼운 마음으로 방문한다. 실제 입찰은 입찰장 분위기에 적응하고 나서 해도 된다. 경매 물건은 꾸준히 나오므로 서두를 필요 없다. 물론 좋은 물건이 있고 권리분석을 깔끔하게 마쳤다고 자신한다면 입찰에 도전해 보자. 월차를 내거나 시간을 벌 수 없다면 대리인에게 위임해서 실제로 입찰해 본다.

법원의 해당 경매계에서는 매각기일 일주일 전부터 매각물건의 상세한 사항이 담겨 있는 사건기록부를 담당계별로 나눠 열람대에 비치한다. 이 기록부에는 감정평가서, 건축물대장, 도면 등 그리고 점유관계조사서, 매각물건명세서 등 입찰할 물건에 관한 사항이 자세히 나와 있으니 입찰 전에 열람해야 한다. 단, 채무자

등 관계자들의 인적 사항이나 유치권에 관한 서류는 원칙적으로 공개하지 않는다.

열람을 하다 보면 특별매각조건(재경매, 토지별도등기, 유치권, 대항력 세입자, 제시외 건물 소재 등)이 있기도 한데, 이것은 위험 요소를 법원에서 미리 알리는 것이므로 입찰 전에 반드시 확인해야 한다. 사건기록부는 입찰 당일에 입찰 마감 전까지 열람할 수 있으니 사전에 미처 확인하지 못했다면 현장에서 확인하는 것이 좋다.

• 입찰 준비

입찰장에 들어가기 전에 관련 서류를 다시 한 번 확인한다. 경매 사이트에서 제공하는 정보는 실제 입찰 수개월 전에 올린 정보이기 때문에 변동된 내용이 반영되지 않았다. 특히 부동산 등기부 등본은 입찰일 전에 열람해서 권리 변동 여부를 확인해야 한다. 또한 입찰 마감 전까지 채권자와 채무자가 합의하면 경매를 취소하거나 경매 일자를 변경할 수 있다.

입찰은 법원에서 대부분 오전 10시에 시작해서 오전 11시 30분에 입찰표 접수를 마감한다. 집행관이 입찰표를 사건번호별로 정리한 다음 바로 개찰에 들어간다. 몇몇 법원은 입찰 마감 시간이 다르니 확인하는 것이 좋다.

입찰장에 도착하면 법정 입구에 붙어 있는 입찰 게시판을 꼼꼼히 살펴보자. 입찰 게시판에는 그날 입찰이 진행되는 사건들을 게시해 놓았으며, 특이 사항이나 변동사항도 적어둔다. 입찰 당일에 여러 사유로 연기되거나 취소된다면 해당 사건번호는 게시되지 않는다. 그것을 모르고 입찰표와 입찰보증금을 접수하면 집행관이 당일 되돌려준다.

입찰 당일에 꼭 확인해야 하는 것은 매각물건명세서이다. 경매 사건은 입찰 당일에 권리관계가 바뀌기도 하므로 반드시 재확인한다. 매각물건명세서는 법원에 비치된 컴퓨터에서 사건번호를 입력하면 바로 볼 수 있다.

본인이 입찰할 때 준비물은 인감도장과 신분증, 입찰보증금이고, 대리인이 입찰할 때 준비물은 대리인의 도장과 신분증, 입찰보증금, 입찰자의 인감도장, 인감증명서와 인감 직인이 찍힌 위임장이다. 대리인이 입찰할 때 흔히 입찰자 본인의 인감증명서와 위임장을 준비하면 된다고 하는데, 위임장이나 입찰표 등 날인 부분에 찍은 도장이 인감증명서의 인감과 다를 경우에는 낙찰을 받더라도 무효 처리된다. 이는 집행관이 반드시 확인하는 사항이다. 이런 이유로 최고가 매수인이 되고도 쓸쓸히 발길을 돌리는 경우가 꽤 자주 일어난다. 대리인을 세울 때는 입찰 서류를 미리 확실히 작성하거나 인감도장까지 함께 맡긴다. 위임장은 기일입찰표의 뒷면에 있으니 항목에 따라 쓰면 된다.

입찰장에서도 입찰표를 쓸 시간과 공간이 있지만, 미리 작성하거나 쓸 내용을 연습해서 가는 것이 안전하다. 대법원 법원경매정보 사이트 메인 화면 상단의 '경매지식' 메뉴의 '경매서식'에 들어가면 부동산 경매와 관련된 각종 서식이 마련되어 있다. 그중 '기간입찰표 및

[기일입찰표]

(앞면)

기 일 입 찰 표

지방법원 집행관 귀하   입찰기일 : 년 월 일

사건번호		타 경 호	물건번호	물건번호가 여러개 있는 경우에는 꼭 기재

입찰자	본인	성 명	㉑	전화번호	
		주민(사업자)등록번호		법인등록번호	
		주 소			
	대리인	성 명	㉑	본인과의 관계	
		주민등록번호		전화번호 -	
		주 소			

입찰가격	천억	백억	십억	억	천만	백만	십만	만	천	백	십	일	원	보증금액	백억	십억	억	천만	백만	십만	만	천	백	십	일	원

보증의 제공방법	□ 현금·자기앞수표 □ 보증서	보증을 반환받았습니다. 입찰자 ㉑

주의사항.
1. 입찰표는 물건마다 별도의 용지를 사용하십시오. 다만, 일괄입찰 시에는 1매의 용지를 사용하십시오.
2. 한 사건에서 입찰물건이 여러 개 있고 그 물건들이 개별적으로 입찰에 부쳐진 경우에는 사건번호 외에 물건번호를 기재하십시오.
3. 입찰자가 법인인 경우에는 본인의 성명란에 법인의 명칭과 대표자의 지위 및 성명을, 주민등록란에는 입찰자가 개인인 경우에는 주민등록번호, 법인인 경우에는 사업자등록 번호를 기재하고, 대표자의 자격을 증명하는 서면(법인의 등기사항증명서)을 제출하여야 합니다.
4. 주소는 주민등록상의 주소\, 법인은 등기부상의 본점소재지를 기재하시고, 신분확인상 필요하오니 주민등록증을 꼭 지참하십시오.
5. **입찰가격은 수정할 수 없으므로, 수정을 요하는 때에는 새 용지를 사용하십시오.**
6. 대리인이 입찰하는 때는 입찰자란에 본인과 대리인의 인적사항 및 본인과의 관계 등을 모두 기재하는 외에 본인의 위임장(입찰표 뒷면을 사용)과 인감증명을 제출하십시오.
7. 위임장, 인감증명 및 자격증명서는 이 입찰표에 첨부하십시오.
8. 일단 제출된 입찰표는 취소, 변경이나 교환이 불가능합니다.
9. 공동으로 입찰하는 경우에는 공동입찰신고서를 입찰표와 함께 제출하되, 입찰표의 본인 란에는 "별첨 공동입찰자목록 기재와 같음"이라고 기재한 다음, 입찰표와 공동입찰신고 서 사이에는 공동입찰자 전원이 간인하십시오.
10. 입찰자 본인 또는 대리인 누구나 보증을 반환받을 수 있습니다.
11. 보증의 제공방법(현금·자기앞수표 또는 보증서) 중 하나를 선택하여 ☑표를 기재하십시오.

위 임 장

대리인	성 명		직업	
	주민등록번호	-	전화번호	
	주 소			

위 사람을 대리인으로 정하고 다음 사항을 위임함.

다   음

지방법원   타경   호 부동산

경매사건에 관한 입찰행위 일체

본인 1	성 명	(인감인)	직 업	
	주민등록번호	-	전 화 번 호	
	주 소			
본인 2	성 명	(인감인)	직 업	
	주민등록번호	-	전 화 번 호	
	주 소			
본인 3	성 명	(인감인)	직 업	
	주민등록번호	-	전 화 번 호	
	주 소			

* 본인의 인감증명서 첨부
* 본인이 법인인 경우에는 주민등록번호란에 사업자등록번호를 기재

지방법원 귀중

위임장'을 내려받아 입찰장에 가기 전에 미리 쓰고 또 써보자. 실수를 하지 않기 위한 연습은 수십 번 반복해도 지나치지 않다.

경매 입찰을 위해 신한은행 통장을 만들어두면 편리하다. 각 법원마다 신한은행이 있기 때문에 입찰보증금을 입출금하기 편리하다. 입찰가를 정해 놓고 경매 법원에 간다면 입찰보증금을 미리 수표로 찾아놓는 것도 좋다. 혹시 모를 분실 사고에 대비할 수도 있고, 법원에서 돈을 찾는 번잡함을 피해 시간을 줄일 수 있다.

• 기일입찰표 쓰는 법

먼저 입찰기일을 쓴 다음 사건번호를 작성한다. 물건번호(한 사건에서 2개 이상의 물건이 경매되는 경우 물건마다 붙는 번호)는 없으면 쓰지 않는다. 사건번호와 물건번호를 잘못 쓰는 경우도 있으니 꼼꼼히 확인한다. 본인이 입찰하면 자신의 이름과 전화번호, 주민등록번호, 주소를 쓴다. 그리고 '입찰가격'과 '보증금액' 칸에 숫자를 써넣어야 하는데, 여기서는 절대 실수를 해서는 안 된다.

입찰가격의 숫자를 잘못 썼다면 빨간 펜으로 두 줄을 긋거나 수정액으로 잘못 쓴 숫자를 지워야 할까? 절대 그렇지 않다. 새 용지에 다시 써야 한다. 숫자를 고쳐 쓴 것이 발견되면 입찰은 무효 처리된다. 설마 그럴까 싶지만 입찰가격과 보증금액을 바꿔서 쓰는 경우도 있다. 보증금액 칸에는 최저 매각가격의 10%(경우에 따라 20% 또는 그 이상)를 쓰면 된다.

봉투에 입찰보증금을 넣지 않거나 대리인이 입찰할 경우 입찰자의 인감증명서를 첨부하지 않으면 낙찰이 되어도 입찰이 취소된다.

입찰 접수 4종 세트를 기억하자. 입찰 봉투, 입찰보증금, 매수신청보증 봉투, 기일입찰표이다. 대리인이 참가한다면 위임장(입찰표 뒷면)과 인감증명까지 합해 6종 세트가 된다.

입찰 봉투 앞면에는 입찰자 이름을 쓰고 돈장을 찍는다. 입찰 봉투 뒷면에는 사건번호를 쓰고 물건번호는 있으면 쓰고 없으면 쓰지 않는다. 매수신청보증 봉투 앞면에는 사건번호를 쓰고 물건번호가 있으면 쓰고 없으면 쓰지 않는다. 이름을 쓰고 앞면과 뒷면의 '인' 표시에 모두 도장을 찍는다. 도장은 잘 찍어야 한다. 도장이 번져 있다거나 다르다면 입찰은 무효가 된다. 어떻게 도장을 잘못 찍을 수 있냐고 의아할 수 있으나 실제로 그런 경우가 종종 있다.

입찰 봉투 앞면

입찰 봉투 뒷면

매수신청보증 봉투 앞면

매수신청보증 봉투 뒷면

경매 낙찰과 패찰,
끝이 아니라 시작

입찰이 끝나면 20분가량 입찰 서류를 정리한 다음 개찰을 시작한다. 개찰하는 방법은 법원마다 다르다. 흔히 사건번호 순으로 진행하는데, 어떤 법원에서는 입찰자가 많은 사건부터 개찰하기도 한다. 입찰장에서 차분히 개찰 소식을 듣고 있다가 낙찰이 되면 "만세!", "와!" 같은 감탄사들이 터져 나온다.

그러나 낙찰은 끝이 아니라 진짜 시작이다. 앞으로 헤쳐나가야 할 문제가 많다. 경락잔금을 납부하기 위해 대출을 알아봐야 하고, 낙찰받은 집에 사는 사람을 만나 명도 협상을 해야 한다. 낙찰자는 낙찰 영수증을 받는다. 패찰했다면 신분증과 입찰 시 받은 입찰 봉투의 윗부분을 가지고 가서 입찰보증금을 돌려받는다.

낙찰을 받고 입찰장에서 나오면 대출 모집인들이 따라붙어서 전화번호를 묻는다. 전화번호를 알려주면 몇 시간 안에 낙찰 물건의 대출(시중은행부터 농협, 새마을금고, 신협, 보험사까지) 예상 금액과 금리 등 경락자금대출에 관한 문자가 끊임없이 온다. 그 문자 중에서 내게 맞는 조건을 선택해 대출을 받으면 된다.

장기 보유(3년 이상)를 계획했다면 중도상환 해지수수료가 있더라도 이자율이 낮은 상품을 선택하는 것이 좋다. 투자 목적이 단기 매도라면 중도상환 해지수수료가 없는 상품을 선택하는 것이 좋다. 이 조건을 선택하면 이자율이 조금 올라간다.

통상 낙찰 후 7일 이내에 낙찰 허가 결정이 내려진다. 그 전에 미리 대출을 신청하고 잔금 납부일에 입찰보증금과 은행 대출금을 뺀 나머지 잔금을 법원에 납부하면 된다.

잔금을 내고 나면 그 부동산의 소유자는 내가 된다. 소유자가 된다는 것은 그 집과 관련해 권리뿐 아니라 의무도 떠안는다는 뜻이다. 그러므로 돌다리도 두들기고 건너는 심정으로 재점검할 것이 있다. 매각물건명세서는 법원에서 물건 현황을 알려주는 문서이다. 여기에 기재되지 않은 사항으로 낙찰자가 재산상의 손해를 보게 된다면 낙찰자는 일주일 이내에 낙찰을 취소해 달라고 신청할 수 있다. 이를 '매각불허가 신청'이라고 한다. 매각허가결정이 내려지면 매각불허가 신청은 받아들여지지 않는다.

매각물건명세서에 누락된 정보, 잘못된 정보 등이 기재될 수 있으니 유의하자. 낙찰받은 물건의 잔금을 납부하기 힘든 사정이 생긴다면 매각불허가를 신청할 만한 사유를 찾아보자. 매각허가 이의 신청 사유에 대해 궁금하다면 '민사집행법' 제121조(매각허가에 대한 이의신청사유)를 살펴보자.

• 패찰은 실패가 아니다

경매 관련 책을 보면 패찰에 관해서는 잘 이야기하지 않는다. 그런데 경매를 하다 보면 낙찰보다 패찰을 더 많이 경험하게 된다. 내 경우에는 일곱 차례 연속으로 패찰을 맛보았다. 패찰의 원인을 곰곰이 생각해 보면 투자수익률을 높게 잡고 입찰한 것이었다. 현실 가능한 적정한 수익률을 따져보고 입찰에 들어가는 것이 패찰을 줄이는 방법이다. 일곱 번의 패찰 끝에 수익률을 조정하자 바로 아파트를 낙찰받을 수 있었다. 나는 계속되는 패찰 속에 왜 실패했는가를 분석했고, 이런 노력이 결코 헛되지 않아 결국 낙찰받아 수익을 올릴 수 있었다.

경매는 꾸준함이 생명이다. 어떤 분야든 꾸준히 하면 전문가가 될 수 있다. 하지만 대부분의 직장인이 패찰을 여러 차례 경험하던 경매를 아예 포기한다. 패찰을 실패로 받아들인다면 경매의 세계에서 발을 떼는 것이 낫다. 경매에서 패찰은 일상적인 일이다. 늘 낙찰받을 수는 없지 않은가.

'승패병가지상사(勝敗兵家之常事)'라는 말이 있다. '이기고 지는 것은 병가에서 일상적인 일이다'는 뜻이다. 이 말을 이렇게 바꾸고 싶다. '낙패경가지상사(落敗競家之常事). 즉, 낙찰과 패찰은 경매의 세계에서 일상적인 일이다.' 경매 고수들도 입찰 대비 낙찰받는 물건 수는 20~30% 정도이다. 계속 패찰되면 조바심에 입찰가를 높이는 사람들이 있는데 스스로를 컨트롤해야 한다. 마음이 흔들릴 때는 나만의 경매 물건 보고서를 다시 들여다보자. 그 물건이 끝이 아니기 때문이다.

심장을 멈추게 하는
입찰 보증금 몰수 사건

부동산 경매에서는 작은 실수 하나로 적게는 수백만 원에서 많게는 수억 원을 잃을 수도 있다. 말 그대로 낙찰 한 번 못 받고 망하는 것이다. 예를 들어 70,000,000원이면 낙찰받을 수 있는 물건을 '입찰가격'란에서 숫자 0을 하나 더 써서 700,000,000원에 낙찰받아 입찰보증금을 허망하게 날려버리는 것이다. 이런 말도 안 되는 실수가 의외로 많이 나온다.

2017년 2월 원주지방법원에서는 감정가 5억여 원에 한 번 유찰되어 최저 입찰가 3억 6,300만 원에 나온 임야가 45억 7,510만 원에 낙찰되는 사례가 있었다. 최저 입찰가의 열두 배, 감정가의 아홉 배가 넘는 금액이었다. 알고 보니 입찰자가 입찰가를 쓸 때 '0'을 하나 더 붙이는 실수를 저지른 것이었다. 결국 당사자는 입찰보증금 3,630만 원만 날리고 매수를 포기했다.

여러 가지 이유로 낙찰받은 사람이 매수를 포기해 법원에 몰수된 경매 입찰보증금이 한 해에 800억 원을 웃돈다. 해마다 4천여 건 정도이며, 전체 낙찰 건수의 6~7%로 적지 않은 수치이다. 누군가를 붙잡고 울 수는 있지만 누군가를 탓할 수 없는 자신의 실수이다.

주변에서 접한 입찰 보증금 몰수 사건을 소개하겠다. 경매 물건을 입찰하기 전에는 해당 물건에 대한 권리분석과 가치(환가 등)를 분석해야 한다. B씨는 경기 안산시 상록구에 있는 한 임야를 감정가 대비 낙찰가의 70%대에 낙찰받았다. 그런데 이 물건은 기본 자료인 감정평가서를 확인하면 '맹지'라고 표기되어 있다. 해당 토지 주위에 길이 없는 맹지는 몇 가지 문제점이 있다.

첫 번째 맹지는 타인에게 매각하기가 쉽지 않다. 주위에 길이 없어서 재산 가치가 떨어지기 때문이다. 두 번째는 금융기관에서 대출을 받을 수가 없다. 하지만 이 맹지가 경우에 따라서는 좋은 물건이 될 수도 있다. 주변 도로에 접한 땅의 소유주에게 이 맹지를 매각하거나 반대로 도로에 접한 땅을 매입하면 이 맹지가 좋은 물건으로 바뀔 수 있다. 하지만 현실적으로 쉽지 않은 문제이다.

이런 물건을 적게는 7~8년, 길게는 몇십 년을 소유하다 보면 나의 투자 유동성에 문제가 발생할 수 있다. 기본적으로 부동산 투자는 수익률을 따져봐야 하는데, B씨는 뚜렷한 투자 계획 없이 막연하게 투자 수익률만 보고 입찰한 것이었다. B씨는 결국 잔금을 납부하지 않아서 최저 경매가 3억 2,125만 원의 10%인 입찰보증금

3,212만 1,500원을 법원에 몰수되었다.

맹지는 입찰 전에 인접한 토지를 매입해서 길을 확보하고 부동산의 가치를 올리는 방법을 철두철미하게 마련했어야 한다. 토지이용계획확인서에 보전녹지지역, 공익용산지, 보전산지 등 제한 지역으로 묶인 땅을 경매 물건으로 낙찰받는 것은 대단히 위험하다. 보통 이런 물건이라면 감정가 대비 30% 전후에 낙찰되는데, 감정가 대비 70%인 최저 경매가에 홀리면 안 된다. 최저 경매가에 홀려 덥석 입찰하면 두고두고 후회하게 될 것이다.

금융기관에서 대출을 받아 잔금을 마련할 계획이었다고 해도 토지이용계획확인서에 '맹지, 공익용산지, 보전산지, 보전녹지지역 등'이라고 표기된 물건은 대출을 제한하고 있다. 사전에 이런 점도 고려했어야 하는데 이 부분을 간과해서 결국 입찰보증금이 몰수되었다.

성동구 옥수동에 있는 감정가격 17억 5천만 원의 53평형 아파트를 낙찰받은 한 낙찰자가 17억 5천만 원의 10%인 1억 7,500만 원을 입찰보증금으로 내고도 잔대금을 납부하지 않아 입찰보증금이 법원에 몰수되었다. 잔대금을 납부하지 않은 이유는 시세 조사 미비로 인해 시세보다 높은 가격에 낙찰되어 대금 납부를 안(못) 한 경우나 대출 규제 강화와 개인 신용도 등으로 인해 경락자금대출이 거절되어 잔금을 치르지 못한 경우, 두 가지로 압축할 수 있다. 어쨌든 이 낙찰자는 2억에 가까운 돈을 경매 한 번 잘못해 날린 것이다.

이처럼 낙찰을 받는다고 끝나는 것이 아니다. 경매로 수익을 올리기 위해서는 낙찰받고자 하는 물건에 대한 정확한 시세 파악은 물론 권리분석상 인수할 내역 및 기타 말소되는 권리인지, 자기 부담분으로 잔금을 치를 것인지, 금융기관의 대출을 받을 수 있는지 면밀하게 따져봐야 한다. 입찰가격을 쓰고 나서 올바로 썼는지 확인하고, 잠시 숨을 돌린 다음 다시 확인하고, 마지막 입찰함에 넣기 전에 한 번 더 확인하자.

06

입찰 경쟁이 치열한
매물 대처법

경매에서 수익을 극대화하기 위해서는 싸게 낙찰받는 것 외에
도 입찰 경쟁을 피해 낙찰받는 것이 중요하다. 다양한 물건 중에
남들이 입찰하지 않는 종목, 입찰 경쟁자들이 덜 몰리는 물건이 알
짜이다. 한 번에 수십 명이 몰리거나 낙찰 후 소유권 이전이 어렵
다면 아예 입찰을 자제해야 한다. 소자본으로 투자하면서 경매의
실력을 키우고 흐름을 잡고 싶다면 소형 물건을 추천한다.

경매에서 소형 아파트와 다세대, 상가, 오피스텔은 경매 투자자
들이 가장 관심 있어 하는 물건이다. 한 물건당 수십 명이 경쟁을
벌이기 때문에 운이 좋아야 낙찰받을 수 있다. 전셋값에서 약간의
웃돈을 보태 낙찰받을 수 있다 보니 투자자들은 입찰가를 한껏 높
여서 쓴다. 실수요자가 몰리기 때문에 낙찰가는 거의 시세 수준이
다. 경매에서 가장 비효율적인 투자처인 셈이다. 나는 이런 투자,

즉 시세 수준에 낙찰되는 경매라면 굳이 시간과 비용 들여서 경매할 필요가 없다고 여긴다. 곧바로 부동산중개업소에 가서 일반 매물로 거래하는 오히려 편리하다.

또한 실수요자가 몰리는 물건일수록 경매 투자의 실익은 반감된다. 요즘 수익형 부동산 중 인기 지역이라고 할 수 있는 수도권과 광역시 일대 소형 오피스텔, 재개발·뉴타운 지역 인근의 원·투룸 다세대와 다가구주택, 택지 예정지이거나 지하철 개통 예정 지역 인근의 대지와 농지 등은 경쟁률이 최소 8 대 1 또는 10 대 1이 넘고, 낙찰가율은 감정가를 육박한다.

최근에는 묻지 마 투자에 나서는 경매 투자자들도 제법 늘어나 오히려 시세보다 높게 낙찰되기도 한다. 이처럼 수십 명의 경쟁자를 물리치고 최고가에 매수되었다 해도 낙찰받은 부동산의 소유권을 넘겨받지 못한다면 애물단지로 바뀔 수 있다. 즉, 권리상, 물건상 입찰해서는 안 되는 하자 있는 물건으로 낙찰 후 보증금을 잃거나 명도가 어려워 경제적·정신적 피해를 입는 것이다.

학교·사회복지·의료법인 등의 부동산을 경매로 입찰할 때 주무관청의 허가를 받아야 하는 물건이라면 매각 불허가로 인해 소유권을 취득하지 못할 수도 있다. 특별한 하자가 없는 평이한 경매 물건은 입찰 경쟁률이 높아 싸게 낙찰받기가 쉽지 않다. '채무자나 소유자가 직접 점유'하고 있거나 '임차인이 전액 배당'받거나 '소액 임차인이 거주하고 있어 일정 금액을 최우선 변제받는 경매', '최소의 보증금과 월세로 임차인 등이 거주'하면 명도가 수월하고 권리관계가 명확해 초보자라도 누구나 안전하게 입찰할 수 있어 대부분 높은 경쟁률로 비싸게 낙찰받는다.

알차고 실속 있는 경매는 입찰 경쟁 없이 싸게 낙찰받을 수 있는 물건이다. 물건이 많은 수도권 중대형 아파트, 저감률 30% 지역 내 다세대와 단독주택, 낙찰가율이 60~70%대인 근린상가, 감정가가 저평가된 상태에서 1~2회 유찰 후 최저가에 매수할 수 있는 중대형 주택, 권리와 물건상 약간의 흠집이 있어 싸게 낙찰받지만 이해관계인과 유리한 합의를 통해 충분히 해결할 수 있는 경매물건이 수익을 최대로 높일 수 있다.

TIP

경매할 때 필수 체크리스트, '부현감매건토'

경매에 응찰할 때 기본적으로 확인하고 또 확인해야 하는 공적 자료가 6가지 있다. 이 자료 이름이 자동으로 머릿속에 떠올라야 한다. '부현감매건토', 이렇게 머릿속에 새기자.

1. 부동산등기부등본

응찰을 위해 권리분석을 하려면 해당 물건에 대한 부동산등기부등본을 확인해야 한다. 대법원 인터넷등기소(www.iros.go.kr)에서 열람과 발급이 둘 다 가능한데 열람을 하면 자료로 저장할 수 없으니 발급을 받아 꼼꼼하게 살펴본다.

경매 낙찰 시 문제가 되는 등기부상 권리는 선순위 전세권, 선순위 소유권이전가등기, 선순위처분금지가처분, 선순위 지상권이다. 선순위 전세권이 있으면 낙찰 후에 낙찰자가 그 전세금을 떠안을 수 있다. 선순위는 말소기준권리보다 앞서는 권리이며, 후순위는 말소기준권리보다 뒤에 있는 권리라고 이해하면 된다. 부동산등기부등본에서 말소기준권리보다 앞서는 권리(선순위)가 있다면 주의 깊게 살펴봐야 한다.

2. 현황조사서

부동산 현황조사서에는 부동산의 현황 및 점유관계조사서, 임대차관계조사서 등이 첨부되어 있어 현재 해당 부동산을 누가 점유하고 있는지 알 수 있다. 부동산 현황조사는 법원의 집행관이 실시하는데 집행관의 조사 방문 시 점유자가 없고 문이 잠겨 있으면 더 이상 조사할 방법이 없다. 현황조사 시 주민등록 발급, 상가일 경우에는 사업자등록을 열람을 해서 그 내용을 현황조사서 등에 특정해 주고 있다.

경매 물건에 대한 전입세대 열람은 2014년 1월 1일부터 관할 주민센터뿐 아니라 다른 주민센터에서도 발급할 수 있다. 요즘에는 개인정보 등을 이유로 전입신고자의 이름이 다 나오지 않는다. 2013년 12월 31일까지는 전입신고자 '신동휴 2013.08.09.'라고 표기되어 있었는데 2014년 1월 1일 이후로는 '신** 2013.08.09.'라고 되어 있어 임차인인지, 소유자인지, 채무자인지를 파악하기 어렵다.

3. 감정평가서

감정평가서는 감정평가사가 경매 물건을 감정하고 제출한 서류이다. 최초 매각가격의 기준을 알 수 있으며, 공신력 있는 평가서로 해당 부동산의 가치를 가늠하는 잣대가 된다. 감정가는 법원에서 감정평가사에게 의뢰해 과거 거래된 내용과 주변 시세를 조사해서 정한다. 감정평가서에는 최소한의 감정가격의 결정을 뒷받침하고, 응찰자의 이해를 도울 수 있도록 감정가격을 산출한 근거를 밝히며, 평가요항, 위치도, 지적도, 사진 등이 첨부되어 있다. 이 감정평가서는 매각기일 일주일 전부터 매각물건명세서에 첨부해 일반인이 열람할 수 있다.

감정가는 경매가 진행되기 전에 정하므로 감정가와 현재 시세에 차이가 있음을 인지하고 정확한 시세를 알아내야 한다. 특히 그 지역에 재개발, 재건축 등의 호재가 있을 때 다시 임장을 나가더라도 시세 파악을 해야 한다. 그사이 시세에 변동이 생겼을 가능성이 높기 때문이다.

4. 매각물건명세서

매각물건명세서는 매각물건에 관한 집행법원의 판단을 기초로 작성되는 문서이다. 법원이 경매에 입찰하려는 사람들에게 제공할 목적으로 매각할 물건의 현황과 권리관계, 감정평가액 등을 자세하게 적은 문서이다. 매각물건명세서는 부동산등기부상에 나와 있지 않은 임차권이나 기타 권리들을 확인할 수 있고, 점유자에 대한 정보를 얻을 수 있는 귀한 자료이기도 하다.

집행법원, 즉 경매법원에서는 매각기일 7일 전까지 매각물건명세서를 작성해서 누구든지 열람할 수 있도록 하고 있다. 매각물건명세서는 법원경매정보 사이트에서도 확인이 가능하다.

낙찰 후 매각물건명세서와 감정평가서 등에 언급되지 않았던 중대한 하자를 발견하면 이를 이유로 들어 집행법원에 매각불허가 신청 또는 즉시항고, 매각취소 신청 등을 하여 구제받아야 한다.

5. 건축물대장

건축물대장은 집의 소재, 구조, 면적 및 소유자의 주소, 성명 등을 적은 공용문서로서 건물의 사실관계와 용도를 알 수 있다. 일반건축물대장과 집합건축물대장으로 나뉜다. 일반건축물대장은 갑구와 을구로 나뉘는데 갑구에는 위치, 대지면적, 연면적, 건폐율, 용적률, 용도, 소유자 현황 등이 기록되어 있다. 을구에는 소유자의 사항이 기록되어 있다. 건축물대장에서 반드시 확인해야 하는 사항은 '용도'이다. 용도를 잘못 알고 낙찰받았다가 일을 그르치는 경우가 생길 수 있기 때문이다. 특히 빌라 물건에 입찰하려면 용도를 반드시 확인해야 한다. 용도가 '사무실'로 기재된 경우가 있기 때문이다. 따라서 입찰하기 전에 건축물대장을 열람하는 습관을 들여야 한다.

6. 토지이용계획확인서

경매 물건의 해당 토지에 적용된 규제 유무를 아는 것은 무척 중요하다. 토지는 필지마다 토지이용계획확인서가 있는데 토지이용규제정보서비스(luris.molit.go.kr) 홈페이지에서 볼 수 있다. 토지이용규제정보서비스 홈페이지에서 해당 주소와 필지의 지번을 입력하면 열람할 수 있다. 필지는 지적공부에 등록하는 토지의 단위이며, 하나의 소유권이 미치는 범위를 인위적으로 구분해 지번을 부여한 일정 지역의 토지이다. 1지번이 부여된 토지가 1필지이다. 따라서 각 필지마다 소유자, 소재지, 면적, 지목 등이 다르다. 각각의 필지는 일정 요건을 갖추면 합해서 하나의 지번을 부여받는 합필을 하거나, 나누어 각각의 지번을 부여받는 분필을 할 수도 있다.

토지이용계획확인서에는 해당 토지의 소재지, 지목, 면적, 개별 공시지가, 「국토의 계획 및 이용에 관한 법률」 등에 따른 지역·지구 등이 표기된다. 해당 토지가 어떤 공법적 규제를 적용받고 있는지에 대한 사항들이 표기되어 있어서 이 토지이용계획확인서를 볼 줄 알아야 그 토지가 어떤 규제를 받는지 해석이 가능하므로 이 물건을 살지, 말지를 결정할 수 있다.

다음으로 실제 토지이용계획확인서의 항목과 내용을 살펴보자.

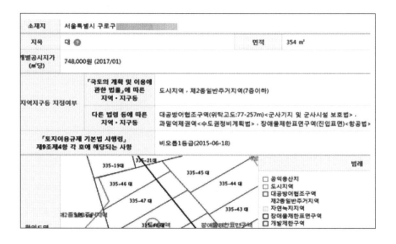

소재지	서울특별시 구로구			
지목	대		면적	354 ㎡
개별공시지가 (㎡당)	748,000원 (2017/01)			
지역지구등 지정여부	「국토의 계획 및 이용에 관한 법률」에 따른 지역·지구등	도시지역 · 제2종일반주거지역(7층이하)		
	다른 법령 등에 따른 지역·지구등	대공방어협조구역(위탁고도:77-257m)<군사기지 및 군사시설 보호법> · 과밀억제권역<수도권정비계획법> · 장애물제한표면구역(진입표면)<항공법>		
「토지이용규제 기본법 시행령」 제9조제4항 각 호에 해당되는 사항		비오톱1등급(2015-06-18)		

소재지, 지목, 면적의 표시는 다시 설명하지 않아도 될 테니, 처음 보는 항목을 중심으로 알아보자

● **개별공시지가** : 공시지가는 표준지 공시지가와 개별공시지가로 나뉜다. 표준지 공시지가란 국토교통부장관이 전국의 개별 토지 약 2,750만 필지 중 대표성이 있는 50만 필지를 선정·조사해 공시하는 것이다. 매년 1월 1일을 기준으로 표준지의 단위 면적당 가격(원/㎡)으로 표시된다. 특히 보상금을 책정할 때 기준이 되는 공시지가로 개별공시지가의 산정 기준이 된다.

개별공시지가란 표준지 공시지가를 기준으로 시장, 군수, 구청장이 개별 필지의 지가를 산정한 가격으로 양도소득세, 상속세, 종합토지세, 취득세, 등록세 등 국세와 지방세는 물론 개발분담금, 농지전용부담금 등을 산정하는 기초 자료로 활용된다. 따라서 표준지 공시지가는 보상을 할 때, 개별 공시지가는 세금, 전용부담금 등을 부과할 때, 기준으로 삼는다는 점을 기억하자.

- **「국토의 계획 및 이용에 관한 법률」 등에 따른 지역·지구 등** : 토지는 「국토의 계획 및 이용에 관한 법률」 등에 따라 용도지역, 용도지구, 용도구역으로 구분된다. 용도지역은 도시지역, 관리지역, 농림지역, 자연환경보전지역으로 나뉜다. 자세한 내용은 「국토의 계획 및 이용에 관한 법률」을 참고하기 바란다.

- **다른 법령 등에 따른 지역·지구 등** : 「국토의 계획 및 이용에 관한 법률」 외 다른 법령에 따른 규제 사항들을 표기한다. 「도시개발법」, 「수도권정비계획법」, 「농지법」, 「산지관리법」 등 다른 법률에 관해 규제받고 있는 사항은 모두 이곳에 표기된다.

- **「토지이용규제 기본법 시행령」** : 「토지이용규제 기본법」에서 위임한 사항과 그 시행에 필요한 사항을 규정함을 목적으로 한다.

- **확인도면** : 해당 토지의 지적·경계를 도면으로 표시한 것이다. 빨간색 선은 도시계획시설 도로임을 의미한다. 도시계획시설이란 도로, 공원, 시장, 철도 등 도시 주민의 생활이나 도시 기능의 유지에 필요한 「국토의 계획 및 이용에 관한 법률」 상의 기반시설 중 도시관리계획으로 결정된 시설을 말한다.

경매 시작 전 꼭 알아야 할 경매 용어

경매에서는 일상생활에서 잘 쓰지 않는 어휘들을 많이 쓴다. 어려운 법률 용어도 외에 관습적으로 굳어진 말들도 있다. 영어도 단어를 알아야 말을 잘할 수 있듯이, 경매도 용어를 알아야 쉽게 접근할 수 있다. 그래서 무엇보다 용어를 익혀야 한다. 한 번 읽어서는 익숙해지기 쉽지 않다. 여러 번 읽고 또 읽어보라. 그렇게 몇 번 되풀이해서 읽어보면 서서히 경매 용어에 익숙해질 것이다. 다음에 소개하는 부동산 경매 용어를 익혀보자. 부동산 경매를 위해 기본으로 알아야 할 용어들이다.

1. 강제경매와 임의경매

강제경매는 채권자가 채무자 소유의 부동산을 압류해 소송을 통해 채권을 확정받은 뒤 채권 회수를 목적으로 하는 강제집행 절차이다. 임의경매는 개인이나 금융기관이 저당권이나 근저당권이 설정된 채권을 회수하기 위해 담보권을 실행하는 경매이다. 채무자가 제때 변제하지 않을 때 소송으로 채권을 회수하려면 시간이 오래 걸리므로 소송 없이 바로 임의경매를 신청할 수 있도록 저당권이나 근저당권을 설정하는 것이 안전하다.

2. 타경

경매 물건에는 '2018타경 7989(2)'와 같이 사건번호가 붙는다. 앞의 네 자리는 경매에 부쳐진 연도이다. 타경은 부동산 등 경매 사건을 지칭하는 이름표이고, 7989는 이 물건의 고유번호로서 그해의 경매가 결정된 순서로 매겨진다. 이 번호는 해가 바뀌어도 그대로 사용한다. (2)는 물건번호로 한 사람이 소유한 물건이 동시에 여러 건의 경매로 진행될 때 물건마다 부여한 번호이다. 물건번호가 있다면 기일입찰표에 반드시 기재해야 한다. 기재하지 않고 낙찰을 받은 것은 무효가 된다.

3. 유찰과 패찰

유찰은 매각 기일에 매수하고자 하는 사람이 없어 매각되지 아니하고 무효가 된 경우를 가리킨다. 유찰이 되면 통상 최저 매각 금액을 20% 낮춘 가격으로 다음 매각 기일에 다시 매각을 실시한다. 패찰은 자신이 입찰에 참여했는데 낙찰받지 못하고 제3자가 낙찰받은 것을 말한다.

4. 재매각

낙찰자가 대금의 산금을 납부하시 않으면 나시 입찰을 하는네 이를 재매각이라고 한다. 재매각의 경우 입찰 보증금을 20% 또는 30%로 할증하는 경우가 있으니 확인해야 한다.

5. 최고가 매수신고인(낙찰자)

입찰자 중 가장 높은 금액으로 입찰해 1등을 한 사람을 낙찰자라고 하고, '민사집행법'상의 용어로는 최고가 매수신고인이라고 한다. 잔금을 납부하면 매수인이라고 한다.

6. 차순위 매수신고

최고가 매수신고인이 낙찰 대금을 납부하지 않은 경우 별도의 입찰 과정 없이 자신을 최고가 매수신고인으로 지정해 달라는 신고이다. 차순위 매수신고를 하면 최고가 매수인이 대금을 모두 납부하기 전에는 보증금을 반환받지 못해 단기간 자금이 묶이게 된다. 최고가매수신고인의 최고 낙찰가에서 입찰보증금을 뺀 금액 이상 높은 금액을 제시한 2등의 응찰자가 차순위 매수신고인의 요건이 되는 것이며, 만일 최고가매수신고인 즉 낙찰자가 대금 미납을 할 경우 차순위매수신고인에게 대급납부할 기회를 주는 것이다. (민사집행법 제114조)

만일 요건이 되는 사람이 여러 명일 경우에는 그 중에서 가장 높은 금액을 기재한 사람이 차순위매수신고인이 된다. 예를 들어 감정가격이 1억 원이고, 낙찰금액이 1억 원이라면 입찰보증금액(감정가격의 10%)은 1천만 원이므로 낙찰가격 1억 원 – 입찰보증금 1천만 원 = 9천만 원 이상을 적은 2등이 차순위매수신고를 할 수 있다.

7. 대항력

임차인의 권리로 임대차 기간, 보증금을 받을 권리, 임대차 기간에 퇴거하지 않을 권리를 지닌다. 주택 임차인이 임차주택을 인도받고 주민등록을 마치면 그다음 날부터 그 주택의 소유자가 다른 사람으로 바뀌더라도 임차권을 가지고서 대항할 수 있는데, 이를 주택 임차인의 대항력이라 부른다. 대항력을 갖췄으면 주택 임차인이 임차보증금 전액을 반환받을 때까지 새로운 매수인에게 집을 비워줄 필요가 없다. 하지만 대항요건을 갖추기 전에 등기 기록상 선순위권리(저당권, 근저당권, 압류, 가압류 등)가 있었다면 주택이 경매로 매각될 경우 낙찰자에게 대항력을 주장할 수 없다.

8. 우선변제

대항요건(주택 인도, 주민등록)과 주택 임대차 계약서상에 확정일자를 갖춘 임차인은 임차주택이 경매되거나 공매될 경우 환가 대금에서 후순위 담보권자나 기타 채권자에 우선하여 보증금을 변제받는다.

9. 확정일자

증서가 작성된 일자에 대하여 완전한 증거력이 있다고 법률에서 인정하는 일자로 법원의 등기소 또는 공증인 사무실, 인터넷등기소, 구청이나 동사무소에서 주택임대차계약서에 현재 날짜를 증명하기 위하여 확정일자의 번호와 도장을 찍는 것을 말한다. 임차주택을 인도받고 주민등록 전입신고와 함께 확정일자를 받으면 된다.

10. 말소기준권리

최고가 매수신고인은 낙찰 대금을 완납하면 등기 여부와 관계없이 사실상 낙찰 부동산의 소유권을 취득하게 된다. 소유권이전등기를 하면서 등기사항증명서상의 권리 중 어떤 권리들은 말소촉탁등기 대상이 되어 소멸되고, 또 어떤 권리들은 말소촉탁의 대상이 되기 않아 매수인이 인수해야 하는데, 이때 말소와 인수의 기준이 되는 권리를 말소기준권리라고 한다.

말소기준권리에는 근저당권, 저당권, 압류, 가압류, 담보가등기, 경매 개시결정기입등기와 경우에 따라 전세권도 인정되는데, 이 중 등기사항 증명서상에서 등기일자가 가장 빠른 권리로 보면 된다. 통상 말소기준권리보다 빠르면 선순위 권리로 인수해야 되며, 말소기준권리보다 늦으면 후순위 권리로 소멸된다.

11. 소멸주의와 인수주의

소멸주의는 낙찰자가 부담하지 않는 등기상의 권리는 모두 소멸된다는 의미이다. 즉, 경매사건 부동산의 권리나 임차인의 대항력 발생 시점이 말소기준등기 이후 설정된 경우 경락(경매에 의하여 동산 또는 부동산의 소유권을 취득하는 일)으로 인해 소멸한다.

인수주의는 경매를 통하여 부동산의 소유권을 얻은 사람에게 압류 채권자의 채권에 대한 부동산의 부담을 넘겨주는 것이다. 경매사건 부동산의 권리나 임차인의 대항력 발생 시점이 말소기준등기 이전에 설정된 경우 경락으로 인하여 소멸되지 않고 낙찰자가 인수해야 한다. 즉, 말소기준권리보다 앞서 있는 권리들은 매각되더라도 그 권리들은 매각 대금에서 해결되는 것이 아니므로 매수인이 인수해야 한다. 이는 매수인이 낙찰 대금 외에 책임을 져야 하는 부분이다.

12. 근저당권

장래에 생길 채권의 담보로 미리 설정한 저당권이다. 금융기관에서 부동산을 담보로 대출해 주고 그 부동산의 등기부에 저당권을 설정한다. 근저당권은 채무자가 이자 등을 연체할 경우를 대비해 실제 대출금보다

120% 정도 높은 금액으로 설정한다.

13. 이해관계인

'민사집행법' 제90조에서는 경매 절차의 이해관계인을 다음과 같이 규정하고 있다. 압류채권자와 집행력 있는 정본에 의하여 배당을 요구한 채권자, 채무자 및 소유자, 등기부에 기입된 부동산 위의 권리자, 부동산 위의 권리자로서 그 권리를 증명한 사람.

14. 소유권이전청구 가등기

주택 매매 시 매수인이 잔금을 내기 전 매도인이 제3자에게 이중 매매를 하지 못하도록 방지할 목적으로 해두는 가등기이다. 매도인의 동의를 얻어 신청해야 한다. 소유권이전청구 가등기는 매매 부동산의 소유권을 가져오는 것이 목적이다.

15. 명도

토지, 건물 등을 점유한 사람이 그 점유를 낙찰자에게 넘겨주는 것을 명도라고 한다.

16. 당해세

경매 목적 부동산에 부과된 조세와 가산금으로 국세와 지방세로 나뉜다. 국세로는 상속세, 증여세, 종합부동산세가 있으며, 지방세로는 재산세, 자동차세, 종합토지세, 토지계획세 등이 있다. 경매 비용과 마찬가지로 우선변제 채권보다 우선 배당을 받게 된다.

17. 배당, 배당요구

배당은 매각 대금으로 각 채권자를 만족시킬 수 없는 경우 권리의 우선순위에 따라 매각 대금을 나눠주는 절차이며, 법에 명시된 순서에 따라 배당받는다. 이를 위하여 집행법원은 배당기일 전에 배당표를 미리 작성하여 이해관계인과 배당 요구한 채권자에게 열람하게 해서 의견을 듣고, 정정할 것이 있으면 수정하여 배당표를 완성한 후 배당기일에 확정하게 된다.

배당요구는 강제집행에서 압류채권자 이외의 채권자가 집행에 참가하여 변제를 받는 방법으로 민법, 상법 등에 의하여 우선변제청구권이 있는 채권자나 집행력 있는 정본을 가진 채권자, 경매개시결정등기 후에 가압류를 한 채권자가 법원에 대하여 배당요구를 신청할 수 있다. 배당요구는 배당요구 종기일까지 해야 한다. 이때까지 요구하지 않으면 매각 대금으로부터 배당받을 수 없고, 그 후 배당을 받은 후순위 채권자를 상대로 부당이득반환청구를 할 수도 없다. 법원은 경매개시결정이 나고 압류 효력이 생긴 때부터 일주일 이내에 배당요구를 할 수 있는 종기일을 정하고 채권자들에게 공고한다. 배당요구 종기일을 정할 때에는 절차상의 기간을 감안하고, 첫 매각기일 이전으로 한다.

18. 경락잔금대출

경매로 낙찰받은 사람이 잔금을 납부할 때 대출받는 것을 말한다. 많게는 80%까지 대출받을 수 있지만 부동산 시장이 출렁이고 불안정할 때는 경락잔금대출 비율을 줄여야 한다. 자신의 자금 사정을 자세히 살펴서 위험 부담을 사전에 차단해야 한다.

5장

★
5단계로
정복하는
실전 경매

경매,
어떤 순서로 진행해야 할까

경제가 어려울 때는 과감한 투자보다는 보수적인 투자를 하는 것이 안전하다. 리스크가 크고 투자 대비 수익률이 높은 투자보다는 적은 금액을 가지고 꾸준히 수익을 내는 투자 말이다. 그런 투자 대상이 하나에서 둘, 둘에서 셋, 넷으로 확산될 수 있는 것이 경매이다. 그 시작은 거창하지 않다. 직장에 다니면서 자투리 시간을 이용해 부동산 경매 공부를 하고 실제 입찰에 참여해서 낙찰을 받고 집주인이 되는 꿈을 실현하고 건물주가 되어 임대수익을 얻는 일련의 과정에서 성취를 맛보는 것이 중요하다. 성취감을 경험하는 것 자체만으로도 삶의 자양분이 된다. 중요한 것은 경매 성공 확률을 높이는 것이다. 어떻게 하면 될까?

직장에서 업무를 하다 보면 일종의 절차 또는 흐름 같은 것이 보이는데, 그것을 빨리 포착해서 익히면 업무가 수월해진다. 부동산 경매에서도 진행 절차와 흐름을 이해하고 머릿속에 새겨놔야 한다. 언제 어느 때든 바로 떠올려서 이 시기에는 무엇을 해야 하는지 즉각 알 수 있어야 한다는 것이다. 그래야 바쁜 직장인들이 자투리 시간을 활용해 정보를 모으고 모색할 수 있다.

부동산 경매 진행 절차를 익혀두어야 실전 경매에서 발생할 수 있는 경우의 수와 생각지 못한 돌발 상황에 대처할 수 있다. 먼저 부동산 경매가 어떻게 진행되는지 다음 그림으로 알아보자.

부동산 경매 진행절차

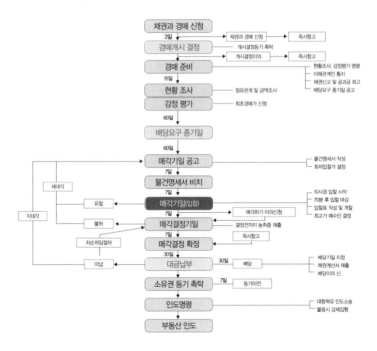

※ 경매과정별 기간은 일반적인 경우이며, 법원별, 상황별로 다소 차이가 있음

1. 채권자 경매 신청

담보물권을 가진 채권자 또는 집행권원을 가진 채권자는 변제기가 도래했음에도 채무자가 돈을 갚지 않을 경우 해당 부동산 소재지를 관할하는 법원에 경매를 신청한다.

2. 경매개시결정

채권자가 경매 신청을 하면 관할 집행법원은 채권자의 경매 신청을 심사해 합당하다고 판단하면 2일 이내에 경매를 시작한다는 경매개시결정을 내린다. 법원은 경매개시결정 정본을 채무자에게 송달한다. 부동산 압류는 경매개시결정문이 채무자에게 송달된 때 또는 경매개시결정등기가 이루어진 때 효력이 발생한다.

관할 집행법원에 나온 경매는 하나의 사건으로 처리해 사건번호가 붙는다. 부동산 등 경매사건에는 '타경'이라는 부호가 붙는다.

3. 경매개시결정 이의

해당 사건의 이해관계인은 낙찰자가 대금을 완납하기 전까지 관할 집행법원에 경매개시결정에 대한 이의를 신청할 수 있다. 이의 신청은 해당 사건의 이해관계인만 할 수 있다. 법원은 이의 신청이 적합하다고 판단하면 경매개시결정을 취소하고, 적합하지 않다고 판단하면 기각 또는 각하 결정을 내린다.

4. 현황조사

법원은 경매개시결정을 한 뒤 지체 없이 집행관에게 부동산의 현황, 점유 관계, 차임, 임대차 보증금액과 기타 현황에 관해 조사할 것을 명하는데, 이를 현황조사라고 한다. 집행관은 현황조사보고서를 작성해 법원에 제출한다. 현황조사보고서는 누구든지 볼 수 있다.

5. 감정평가

법원은 국가 공인 감정평가사를 선임해 경매 부동산에 대한 평가를 의뢰한다. 감정평가사는 해당 부동산의 공시지가를 산정하는 데 대지와 건물을 구분해 평가한다. 이를 통해 경매에서는 최초 경매 가격을 정한다. 감정평가는 누구든지 볼 수 있다.

6. 배당요구 종기일

돈을 받을 채권자(임차인 포함)는 법원에서 정한 배당요구 종기일 이내에 채권계산서 등 권리 신고를 해야 돈을 받을 수 있다. 배당요구 종기일이 경과해서 배당요구를 신청하면 정당한 채권자라도 돈을 받을 수 없다.

7. 매각물건명세서 비치

법원은 부동산의 표시, 부동산의 점유자와 점유의 권원, 점유할 수 있는 기간, 차임 또는 보증금에 관한 관계인의 진술, 등기된 부동산에 관한 권리 또는 가처분으로서 매각으로 효력을 잃지 아니하는 것, 매각에 의하여 설정된 것으로 보는 지상권의 개요 등을 기재한 매각물건명세서를 작성한다. 매각물건명세서는 누구든지 볼 수 있도록 매각기일 일주일 전까지 법원에 비치한다. 또한 현황조사보고서, 감정평가서도 함께 비치한다.

8. 매각기일(입찰)

경매법원이 목적 부동산에 대하여 실제 매각을 실행하는 날로 매각할 시각, 장소 등을 매각기일 14일 전 법원 게시판에 게시함과 동시에 일간신문에 공고할 수 있다. 매각기일이 잡히면 법원은 매각기일과 매각결정기일을 이해관계인에게 통지하여 불이익이 없도록 한다.

9. 매각결정기일

입찰을 한 법정에서 최고가 입찰자에 대하여 낙찰 허가 여부를 결정하는 날로 입찰법정에서 선고한 후 법원 게시판에 공고만 하고, 매수인, 채권자, 채무자, 기타 이해관계인에게 개별적 통고하지는 않는다. 통상 경매기일로부터 7일 이내에 결정한다. 낙찰 허가 결정이 선고된 후 일주일 내에 이해관계인이 항고하지 않으면 낙찰 허가 결정이 확정된다. 이후 매수인은 법원이 통지하는 대금납부기일에 낙찰 대금을 납부해야 하고 대금납부기일은 통상 낙찰 허가 결정이 확정된 날로부터 1개월 이내로 지정한다.

10. 대금 납부

매각허가결정이 확정되면 법원은 매각 대금의 지급 기한을 정하여 매수인에게 매각 대금의 납부를 명한다. 매수인은 지정된 지급 기한 안에(약 1개월) 매각 대금을 납부하면 된다. 해당 법원에 대금을 납부하면 바로 소유권을 취득하게 된다. 매수인이 지정된 지급 기한까지 매각 대금을 모두 납부하지 않으면 법원은 차순위 매수신고인이 있는 경우에는 매각을 허가할 것인지 여부를 결정하고, 차순위 매수신고인이 없는 경우에는 재매각을 명한다.

11. 소유권이전등기 촉탁

매수인이 매각 대금을 모두 내면 매각 부동산의 소유권을 취득하므로 법원은 매수인 명의의 소유권이전등기, 매수인이 인수하지 않은 권리자들의 말소등기를 등기관에 촉탁(어떤 일을 남에게 부탁하여 대신 처리하게 하는 것)하게 된다. 그 등기의 비용은 매수인이 부담해야 하므로, 매수인은 주민등록표등본, 등록세영수증필통지서와 영수필확인서, 국민주택채권매입필증 등 첨부서류를 제출해야 한다. 법원은 이러한 서류가 제출된 이후에 소유권이전등기 등을 촉탁한다.

12. 인도명령

채무자 및 대항력 없는 권리자가 부동산을 인도하지 않은 경우 매수인은 매각 대금을 완납한 뒤 6개월 이내에 법원에 부동산 인도명령을 신청할 수 있다. 또한 부동산 인도명령을 신청할 수 있는 사람은 낙찰인과 낙찰인의 상속인 등 일반 승계인에 한하며 경락 대금을 완납했으면 소유권이전등기가 되지 않았어도 인도명령을 신청할 수 있다. 인도명령 신청은 경락 대금을 완납한 경락인에게 부여된 집행법상의 권리이므로 경락인의 경락 부동산을 제3자에게 양도했다 해도 경락인만이 인도명령을 구할 수 있는 권리가 있다. 종전 소유자가 인도명령에 따른 기한 인도를 거부하는 경우에는 경락인은 법원으로부터 송달받은 인도명령 정본과 송달증명서를 집행관에게 제출하여 집행을 위임하여 처리할 수 있다. 법원은 채무자, 소유자 또는 부동산 점유자에 대하여 부동산을 매수인에게 인도하도록 명할 수 있고, 매수인은 집행관을 통해 강제집행으로 부동산을 인도받을 수 있다.

13. 명도소송

명도소송은 낙찰자가 낙찰대금 완납 이후 6개월이 경과하였다면 인도명령이 아닌 명도소송을 진행하여야 한다. 명도소송은 말 그대로 소송으로 진행되어 법원의 판결을 받아야 하는 상황이기 때문에 소요 기간은 6개월 정도 걸린다. 또한 별도의 비용이 발생한다.

1단계
물건 검색

직장인은 자투리 시간을 활용해야 하므로 무조건 물건을 검색할 것이 아니라 지역을 정해서 전체 경매 물건을 하나하나 검색해서 살펴보는 것이 좋다. 1차적 관심 지역은 현재 내가 살고 있는 지역이나 직장 주변, 살고 싶은 지역 등을 중심으로 선택하는 것이 효율적이다. 관심이 있으면 한 번 검색할 것을 두 번 세 번 검색하게 되고, 그만큼 더 신경 써서 보게 된다. 그리고 관심 있는 지역과 물건은 회사 일에 치인 나에게 동기를 부여해 준다. '저곳에 가고 싶다, 정말 가고 싶다'라는 마음이 생기면 저절로 의욕이 생기는 것이다. 관심 지역은 먼저 특별시와 광역시, 도 가운데 하나를 고르고 시, 군, 구 중에 하나를 정해서 다음과 같이 살펴보자.

• 그 지역을 사전 점검하자

관심 지역이 어떤 곳인지를 객관적인 자료로 확인해 보는 것이 좋다. 먼저 그 지역의 인구 유입을 확인해 보자. 행정안전부 홈페이지 메인 화면 상단에 있는 '정책자료'를 클릭하면 '통계' 항목이 나오고, 그중 '주민등록 인구통계'를 클릭하면 원하는 행정구역의 인구통계를 확인할 수 있다. 기간을 설정해 해당 지역의 인구와 세대수가 증가하고 있는지, 감소하고 있는지 살펴본다. 인구와 세대수가 지속적으로 감소하는 추세라면 그 원인을 분석해 본다.

그 지역 부동산중개업소나 지방자치단체에 직접 물어보는 것도 좋은 방법이다. 결론적으로 투자 방향과 맞지 않다고 판단하면 그 지역은 과감하게 포기하고 다른 지역을 알아보는 현명함이 필요하다.

또 투자 시점에서는 거기서 살아봤다거나 회사 근처여서 잘 안다는 식으로 막연하게 접근하는 것은 매우 위험하다. 어떻게 모은 종잣돈인가. 피 같은 돈을 투자해야 하는 엄청난 일이니 주의 깊게 살피고 또 살펴야 한다. 그렇게 세심하게 살핀다고 손해볼 것 없다.

• 검색하고 또 검색하라

여러 관심 지역 가운데 한 지역을 정했다면 이제부터는 부지런히 검색해야 한다. 일단 포털사이트 네이버에 들어가 메인 화면 상단 중간쯤에 있는 '부동산' 메뉴에서 '부동산 홈'으로 들어간다. '부동산 홈'에서 '뉴스'를 클릭하면 상단에 '우리동네뉴스'라는 코너가 있다. 이 '우리동네뉴스'로 들어가서 관심 지역을 선택하고 기사를 확인한다.

이 검색법을 이용하면 지역의 부동산 호재 소식을 알 수 있다. 해당 지역의 호재를 찾았다면 그에 관해서 좀 더 집중해서 검색한다. 이것저것 검색해 봤는데 쓸 만한 자료가 없다면 이와 관련된 지방자치단체 주무부서에 전화해서 물어본다. 이런 경험이 처음이라면 당연히 떨리게 마련이다. 잘못한 것도 없는데 말이다. 처음에는 당연한 감정이니 개의치 않는 것이 좋다. 먼저 물어볼 내용을 질문 형식으로 정리한 다음 심호흡을 깊게 여러 번 하고 전화하자. 회사에서 처음 보고서를 발표하거나 프레젠테이션을 했을 때를 떠올려보라. 처음 몇 번은 힘들지만 여러 번 하다 보면 어느새 자연스러워진다.

이렇게 한 지역을 꾸준히 파다 보면 그 지역의 시세를 짐작할 수 있는 날이 온다. 그러므로 지역을 한 곳 정하는 것이 중요하다. 여러 지역에 관심을 갖다 보면 어느 지역은 소홀해지고, 정보 취합에 게을러지게 된다. 그렇게 되면 아무리 좋은 물건이 나와도 결국 패찰로 이어진다. 우리는 경매를 전업으로 하는 사람이 아니다. 시간을 쪼개서 쓰는 알뜰살뜰한 직장인이니, 일단 한 지역에 집중하자.

그 지역에 나온 경매 물건을 계속 검색하고 찾다 보면 내 자금 수준에 맞는 경매 물건이 모이게 된다. 법원경매정보 사이트와 경매 유료 정보 사이트에서 해당 경매 물건들을 검색하며 '나만의 경매 물건 보고서'를 만들어 차곡차곡 쌓아두고 계속 검토하자.

2단계
권리분석 쉽게 하는 법

　부동산 경매에서 권리분석이란 무엇일까? 여기서 말하는 권리는 우리가 알고 있는 '어떤 일을 행하거나 타인에 대하여 당연히 요구할 수 있는 힘이나 자격'으로 볼 수 있는데 경매에서는 '낙찰자가 인수해야 하는 권리' 혹은 '부동산 및 부동산이 지니고 있는 유형들에 대한 하자 유무 등'에 대한 검토가 권리분석이라 할 수 있다.

　부동산 권리분석은 부동산에 대한 권리관계를 실질적으로 조사, 확인하고 판단하여 안전하게 부동산 매매를 하기 위한 절차이다. 즉, 목적 부동산이 지니고 있는 권리가 어떤 상태인지를 명확히 알아보고 부동산 매매에 따른 사고를 미연에 방지하기 위한 단계이다. 권리분석은 민법, 민사소송법 중 강제집행 등의 관련 법에 따라 소멸하는 권리와 인수하는 권리를 파악하는 경매 응찰의 한 단계로, 입찰자나 경매 전문가 등이 행하는 사전 활동으로 이해하면 된다.

경매를 할 때는 권리분석과 명도가 가장 중요하다. 명도는 쉽게 말해 낙찰받은 부동산에 거주하는 사람을 이사 보내는 것이다. 낙찰 잔금을 전액 납부하더라도 거주자가 나가야 비로소 내 집이 되는 것이다. 그래서 명도를 일컬어 경매의 꽃이라고 한다. 권리분석도 명도만큼 중요하다. 실제 경매에서 손해를 봤다고 하는 사람들 대부분이 권리분석에서 실수를 했기 때문이다. 권리분석에서 실수하면 입찰보증금이 몰수되거나 낙찰을 받고도 내내 속을 썩이곤 한다. 권리분석은 잘못하면 빠져나갈 묘수가 거의 없다.

• 권리분석, 왜 필요할까

부동산 경매에서 돈을 잃었다고 하면 십중팔구 권리분석을 잘못해서 낙찰 금액 외에 추가로 임차인의 보증금을 떠안거나 낙찰로 소멸하지 않는 권리를 인수한 경우이다. 이런 경우에는 낙찰자가 입찰보증금을 포기하는 것이 일반적이다. 적지 않은 금액이지만 권리분석에 실패함으로써 떠안아야 하는 임차인의 보증금 등이 입찰보증금보다 훨씬 큰 경우가 많기 때문이다. 경매의 목적은 시세보다 싸게 낙찰받아 수익을 창출하는 것이다. 이를 위해 입찰하기 전에 권리분석을 철저히 해야 한다. 권리분석만 제대로 했다면 경매로 돈을 잃을 일은 없을 것이다.

권리분석을 제대로 못하거나 실수하면 적게는 입찰보증금을 잃게 되고, 많게는 선순위 전세금에 해당하는 수천만 원 혹은 몇억 원까지 떠안는 사태가 발생할 수도 있다.

권리분석을 잘못해 낙찰받고도 후회하는 경우가 많다. 경기 김 포시 대곶면에 있는 한 단독주택을 낙찰받은 공인중개사 D씨. 이 물건은 토지와 건물 전부 경매로 나온 것이 아니라 건물만 경매로 나온 특이한 경우였다. 그러나 D씨는 이런 특이사항을 간과하고 오로지 감정가 대비 이익률이 좋고, 저렴하게 낙찰받을 수 있다는 생각에 낙찰을 받았고, 낙찰 후 얼마 뒤 토지 소유자에게 지료를 청구당했다. 결과적으로 이 낙찰자는 자신의 잘못된 권리분석과 판단으로 인해 수익을 올리기는커녕 토지 소유자에게 헐값에 매각 해 손해를 봤다. 헐값 매각 전까지는 지료청구소송에 휘말려 수년 동안 시간과 비용 등에서 손실을 봤고 마음고생을 많이 했다.

이런 경우에는 어떻게 하는 것이 좋을까? 먼저 이 물건의 가치 를 따져봐야 한다. 가치가 있다면 토지 소유자가 건물을 매입하든 지, 건물 소유자가 토지를 매입하든지 해서 제대로 된 물건을 만들 어야 한다. 건물만 경매에 나왔다면 현장에 나가 건물 상태를 꼼꼼 하게 따져봐야 한다. 하자나 문제가 많은 건물만 낙찰받는 것은 추 후 토지 소유자에게 헐값에 건물을 넘길 확률을 높일 뿐이다. 이런 물건은 아예 권리분석을 하는 과정에서 제쳐놔야 한다.

• 권리분석의 갑, 말소기준권리

경매에서 권리분석을 하는 과정에서는 여러 가지를 검토해야 한다. 그중 가장 기본이자 당연히 알아야 할 것이 '말소기준권리'

이다. 낙찰받으면 말소되는 등기들이 있는데, 그 말소의 기준이 되는 등기가 바로 말소기준등기다. 이 말소기준등기보다 앞선 권리가 있느냐 없느냐를 파악하는 것이 권리분석의 핵심이다. 뒤에서 실제 사례를 들어 권리분석을 해볼 텐데 역시나 핵심은 말소기준권리이다. 경매 정보 유료 사이트에는 말소기준권리를 쉽게 알 수 있도록 표시해 두어 부동산 경매 초보자들이 유용하게 쓸 수 있다. 말소기준등기보다 앞선 권리는 낙찰자가 인수해야 한다.

말소기준권리란 등기부등본상에 나타나는 담보가등기, 저당권, 근저당권, 압류, 가압류, 경매기입등기, 선순위 전세권 중 가장 앞선 순위(날짜)에 있는 권리를 말한다. 말소기준권리보다 빠르면 선순위 권리로 낙찰자가 인수해야 하며, 늦으면 후순위 권리로 소멸되어 낙찰자가 인수하지 않아도 된다.

다음 등기부등본을 보고 말소기준권리를 찾아보자.

【 표 　 제 　 부 】		（ 전유부분의 건물의 표시 ）		
표시번호	접 수	건물번호	건 물 내 역	등기원인 및 기타사항
1	2012년6월27일	제9층 제912호		

		（ 대지권의 표시 ）		
표시번호	대지권종류	대지권비율		등기원인 및 기타사항
1	1 소유권대지권	926.8분의 6.2156		2012년6월20일 대지권 2012년6월27일
2				별도등기 있음 1토지(갑구 1-1 금지사항등기) 2012년6월27일
3				2번 별도등기 말소 2012년11월15일

【 갑 　 　 구 】			（ 소유권에 관한 사항 ）	
순위번호	등 기 목 적	접 수	등 기 원 인	권 리 자 및 기 타 사 항
1	소유권보존	2012년6월27일 제26089호		소유자 아시아신탁주식회사
2	소유권이전	2012년11월15일 제46089호	2012년11월15일 신탁재산의귀속	소유자 주식회사내이켜건설건축사사무소

열람일시 : 2016년06월29일 10시26분06초

2/4

순위번호	등 기 목 적	접 수	등 기 원 인	권 리 자 및 기 타 사 항
3	가압류	2012년12월21일 제51112호		청구금액 금924,012,715 원
4	3번가압류등기말소	2013년10월1일 제42487호	2013년9월27일 집행취소결정	
5	가압류	2013년10월23일 제46419호		청구금액 금250,000,000 원
6	가압류	2013년11월5일 제47171호	2013년11월5일 서울남부지방법원의 가압류결정(2013카단711 68)	청구금액 금150,000,000 원
7	6번가압류등기말소	2015년2월3일 제6107호	2016년1월29일 집행취소결정(서울남부 지방법원 2015카160)	
8	5번가압류등기말소	2016년2월5일 제5618호	2016년2월5일 해제(서울남부지방법원 2016카159 가압류집행취소)	
9	가압류	2016년6월29일 제47497호	2016년6월29일 서울남부지방법원의	청구금액 금290,000,000 원 채권자

열람일시 : 2016년06월29일 10시26분06초

3/4

이 경매 물건의 말소기준권리는 무엇일까? 가압류권자 김○○ (2016. 6. 29. 채권 금액 390,000,000원)가 가장 빠른 권리자로 말소기준권리가 된다. 말소기준권리인 가압류권자 김○○를 포함한 이후의 권리들은 모두 말소된다. 아울러 등기부등본상에 수많은 권리(압류, 가압류, 근저당권 등)가 있어도 모두 말소가 되므로 걱정 없이 입찰에 참가해도 된다. 이런 물건을 경매해야 머리 아플 일이 없다.

일단 등기부등본을 통해 말소기준권리를 찾았다면, 이번에는 법원의 매각물건명세서에서 점유자(임차인)가 있는지 확인해 보자.

서 울 남 부 지 방 법 원

매각물건명세서

2017타경4703

사 건	2017타경4703 부동산강제경매		매각 물건번호	2	작성 일자	2018.07.17	담임법관 (사법보좌관)		
부동산 및 감정평가액 최저매각가격의 표시	별지기재와 같음		최선순위 설정		2016.6.29.가압류		배당요구종기	2017.08.21	

부동산의 점유자와 점유의 권원, 점유할 수 있는 기간, 차임 또는 보증금에 관한 관계인의 진술 및 임차인이 있는 경우 배당요구 여부와 그 일자, 전입신고일자 또는 사업자등록신청일자와 확정일자의 유무와 그 일자

점유자 성 명	점유 부분	정보출처 구 분	점유의 권 원	임대차기간 (점유기간)	보 증 금	차 임	전입신고 일자, 사업자등록 신청일자	확정일자	배당 요구여부 (배당요구일자)
▨	미상	현황조사	주거 임차인	미상		미상	미상	2013.10.01	미상

〈비고〉

※ 최선순위 설정일자보다 대항요건을 먼저 갖춘 주택·상가건물 임차인의 임차보증금은 매수인에게 인수되는 경우가 발생 할 수 있고, 대항력과 우선변제권이 있는 주택·상가건물 임차인이 배당요구를 하였으나 보증금 전액에 관하여 배당을 받지 아니한 경우에는 배당받지 못한 잔액이 매수인에게 인수되게 됨을 주의하시기 바랍니다.

임차인 김○○(전입신고 일자 2013. 10. 1.)이 있음을 알 수 있다. 낙찰자가 임차인 김○○의 임차보증금을 떠안아야 하는지(인수) 또는 보증금 인수 없이 명도(이사를 내보냄)를 할 수 있는지 여부를 검토해야 한다. 방법은 간단하다. 임차인 김○○이 말소기준권리인 가압류권자 김○○(2016. 6. 29.)보다 먼저 전입신고(2013. 10. 1.)를 했기 때

문에 이 임차인은 선순위 임차인으로 그 보증금은 낙찰자가 떠안아야 한다.

임차인 김○○은 법원에 권리신고를 하지 않기 때문에 보증금 유무와 차임 유무 등을 알 수 없다. 법원 집행관이 현장조사를 통해 확인한 내용을 매각물건명세서에 표기했다. 임차인 입장에서는 말소기준권리보다 먼저 전입신고를 하고 점유하고 있기 때문에 어떤 금액으로 낙찰된다 하더라도 낙찰자가 보증금을 떠안아야 한다. 즉, 임차인의 보증금은 보장된다고 할 수 있다. 임차인의 진위 여부에 따라 임차인이 허위 임차인 또는 가장 임차인이라면 낙찰자가 보증금을 떠안지 않아도 된다.

이와 같은 물건은 임차인의 보증금 유무를 파악해서 시세 대비 떠안는 보증금의 액수를 더하고도 수익이 난다고 판단되면 응찰에 참여해도 된다. 그러나 말소기준권리 앞에 선순위 임차인이 있고 임차인의 임대차 보증금 유무를 확인할 수 없다면 이 물건은 수차례 유찰되게 마련이다. 따라서 이와 같은 물건은 응찰을 피하는 것이 상책이다.

말소기준권리보다 임차인의 전입신고 일자가 늦다면 대항력 없는 임차인으로서 명도 대상이 되며 최우선 변제금액만큼 변제를 받아 이사를 가야 한다. 그렇다면 권리분석상 쉬운 물건이라고 할 수 있다.

소유권이전 등기를 하는 과정에서 낙찰받은 부동산등기부상의 권리들 중 어떤 권리들은 말소등기 촉탁 대상으로 말소되는 경우가 있으며, 어떤 권리들은 말소등기 촉탁 대상이 되지 않아 계속 등기부등본상에 남아 매수인, 즉 낙찰자가 인수해야 하는 경우도 있다. 이처럼 말소기준권리는 어떤 권리들은 말소되고, 어떤 권리들은 인수되는지 기준이 되는 권리를 의미한다.

• 말소기준권리도 꼼짝 못 하게 하는 것들

말소기준권리보다 날짜순으로 늦어도 다른 것보다 먼저 배당되는 것들이 있다. 1순위는 경매집행 비용이다. 쉽게 말해 법원에서 경매를 진행하면서 받는 수수료이다. 2순위는 최우선변제다. 2순위는 최우선변제로 소액임차보증금, 최종 3개월분 임금과 최종 3년간 퇴직금, 재해보상금이다. 이것들은 말소기준권리에 관계없이 먼저 배당한다. 참고로 2순위 안에서는 안분배당, 즉 공평하게 나누어 배당한다. 3순위는 해당 부동산에 대한 세금인 당해세이다. 당해세로는 상속세, 증여세, 종합부동산세(이상 국세)와 재산세, 종합토지세, 도시계획세, 지방교육세(이상 지방세) 등이 있다.

임차인이 있다면 전입세대 열람을 신청해 전입일자를 확인한다. 매각물건명세서에도 나와 있지만 한 번 더 확인하는 것이 좋다. 말소기준등기와 임차인의 전입일자를 비교해서 임차인의 전입일이 늦으면 낙찰자가 인수할 사항이 없지만 전입일이 빠르면 일부 또는 전부를 인수할 수도 있다. 낙찰금에서 임차인이 임차보증금 전액을 배당받으면 낙찰자가 인수한 사항은 없게 된다.

사례를 들어 선순위임차인과 말소기준권리에 대해 알아보자.

소재지/감정서	면적(단위: ㎡)	진행결과	임차관계/관리비	등기권리
(08846) **[목록1]** 서울 관악구 ▨▨▨ 지도 등기 토지이용 토지대장 **[토지]** • 본건은 서울특별시 관악구 신림동 "현대아파트" 남측 인근에 위치하며 주위는 단독주택, 공동주택 및 소규모 점포 등으로 형성된 기존주택지대임. • 본건까지 제반차량 접근이 다소 어려우며, 인근에 버스정류장이 소재하는바 대중교통여건은 보통임. • 본건 토지는 남동측 하향 완경사지에 대체로 평탄하게 조성된 사다리형의 토지로서, 주거용(다가구용 단독주택) 건부지로 이용 중임. • 본건 토지 남측으로 노폭 3M내외의 아스팔트 포장도로와 접함. ▶ 토지이용계획 • 도시지역 • 제1종일반주거지역	대 지 • 101㎡ (30.55평) 감정지가 3,150,000/㎡ 토지감정 318,150,020 평당가격 10,414,060 감정기관 에이원감정	감정 376,281,530 100% 376,281,530 유찰 2018.04.03 80% 301,025,000 낙찰 2018.06.26 398,987,100 (106.03%) 전▨▨ 응찰 15명 2위 응찰가 393,880,020 허가 2018.07.03 납부 2018.08.09 ▶ 종국결과 배당 2018.09.07	▶ 법원임차조사 ▨▨▨ 전입 2001.11.02 확정 2012.06.07 배당 2015.12.01 보증 5300만 점유 지층 방3칸/주거 (점유: 2001.11.2.~) (세대주: 김성제) 전입 2013.10.21 확정 배당 2016.01.13 보증 6000만 점유 주거 (점유: 2013.10.21.~) ▨▨▨ 전입 2014.12.16 확정 - 배당 - 보증 - 점유 2층/주거 (현황서상) 전입 2015.07.15 확정	★ 건물등기 소유권 차▨▨ 이 전 2010.05.12 전소유자: ▨ 매매(2010.03.08) 근저당 난곡새마을금고 2010.06.22 104,000,000 [말소기준권리] 근저당 이일도 2010.07.29 70,000,000 ▨▨▨ 가압류 ▨ 2015.09.23 44,117,260 임 의 2015.10.27 (2015타경17549) 청구액 70,000,000원 [등기부채권총액] 218,117,260원 ▨▨▨▨

이 물건에 대한 선순위 임차인(정○○)은 2001년 11월 2일 전입 신고를 했다. 이 물건에 기입된 권리를 순서대로 나열하면 다음과 같다.

임차인 정○○	2001. 11. 2.
근저당권 난곡 새마을금고	2010. 6. 22.
근저당권 이○○	2010. 7. 29.
임차인 김○○	2013. 10. 21.
임차인 신○○	2014. 12. 16.
임차인 노○○	2015. 7. 15.
가압류 박○○	2015. 9. 23.

위에서 말소기준권리는 가장 빠른 날짜의 '근저당권자 난곡 새마을금고(2010. 6. 22.)'가 된다. 말소기준권리 이전에 대항력을 갖춘 세입자는 정○○(2001. 11. 2.)으로 이 세입자는 전세보증금 5,300만 원에 대하여 법원에 배당요구를 한 상태이므로 낙찰자가 떠안아야 하는 금액은 없다. 그런데 이 세입자가 전세보증금을 배당받지 못한다면 부득이 낙찰자가 전세보증금을 떠안을 수도 있기 때문에 신중을 기해 입찰에 참여해야 한다.

정○○, 김○○, 신○○, 노○○ 4명의 임차인 중 정혜영은 말소기준권리 이전에 대항력을 갖추었기 때문에 어떤 경우에도 자신의 전세보증금 5,300만 원 전액을 보전받을 수 있다. 그러나 김○○, 신○○, 노○○ 세 사람은 말소기준권리(근저당권자 난곡 새마을금고 2010. 6. 22.) 이후에 들어온 임차인으로 대항력을 갖추지 못하므로 '주택임대차보호법'에서 규정하는 최우선변제금액만 낙찰가의 1/2 범위 내에서 변제받아야 한다.

세입자 입주를 확인하는 방법은 간단하다. 가까운 지역 주민센터에 가서 이 부동산이 경매가 진행되고 있다는 사실을 당해 부동산등기부등본, 경매 물건 상세 서류로 증명하고 전입세대 열람 신청서를 작성하면 발급받을 수 있다.

전입세대열람 내역(동거인포함)

전입세대열람 내역에는 입주자(세대주) 성명, 전입일자 등이 나오는데 이것을 부동산등기부등본의 권리자와 비교해서 말소기준권리를 찾고, 임차인이 선순위 임차인인지 대항력이 없는 임차인지를 분석할 수 있다.

• 말소기준권리 찾는 방법

말소기준권리를 찾는 방법은 간단하다. 담보가등기, 저당권, 근저당권, 압류, 가압류, 경매기입등기가 등기부등본에 기재되어 있는지 확인하고, 기재된 날짜순으로 배열한 다음 이중 가장 빠른 날짜에 기입되어 있는 권리가 말소의 기준이 되는 권리라고 보면 된다. 따라서 말소기준권리를 포함하여 그 이후의 권리들은 전부 말소가 되기 때문에 안전하게 경매에 응찰 할 수가 있는 것이다. 이처럼 말소기준권리에서 접수 날짜는 아주 중요하다.

통상 말소기준권리를 포함해 후순위 권리는 모두 소멸된다. 말소기준권리보다 순위가 앞선 권리 중 인수되는 경우가 있는데, 선순위가처분, 지상권, 지역권, 소유권이전청구권가등기, 선순위전세권의 권리이다. 눈여겨봐야 할 것은 말소기준권리보다 후순위 권리이지만 인수되는 경우이다. 이 권리들은 말소되지 않으므로 유의해야 한다. 가처분등기, 예고등기, 유치권, 지상권이 여기에 해당한다. 가처분등기, 예고등기는 부동산등기부등본상에 나와 있으므로 쉽게 알 수 있다. 하지만 유치권과 지상권은 등기부등본에 나와 있지 않고 매각물건명세서에 나와 있으니 잘 살펴봐야 한다.

그다음으로 임차인(점유자)을 분석한다. 말소기준권리보다 순위가 앞서 대항력이 있는 임차인이 있는지 확인한다. 대항력 있는 임차인이 있다면 배당요구 종기일 이내에 배당요구 신청을 했는지, 확정일자를 갖췄는지 등을 확인한다. 임차인이 경매 절차에서 보증금 전액을 배당받을 수 있는지, 낙찰 후 인수금액은 얼마인지 사전에 확인한다.

집행법원에서는 낙찰자가 손해를 입지 않도록 매각물건명세서에 낙찰 후 추가로 인수해야 하는 권리나 농지취득자격증명 필요여부, 공법상 하자 등 필요한 내용을 명시한다. 매각물건명세서에 기재된 인수 조건이나 공법상 하자 부분을 확인한다.

다음과 같이 부동산등기부등본상의 권리를 날짜 순으로 나열해 보자.

권리	권리자	등기 / 확정일	전입 / 사업
법원경비	법원	–	–
근저	국민은행 (담보여신관리센터)	2001-10-15	–
근저	김○○	2008-06-04	–
근저	정○○	2010-12-07	–
압류	국민건강보험공단 (은평지사)	2011-01-20	–
임의	정○○	2018-01-16	–
임차인	이○○	–	2017-12-15

먼저 위와 같이 등기부등본상의 권리를 나열해 보면 말소기준

권리는 근저당권자인 국민은행(2001. 10. 15.)이 가장 빠른 권리자로 말소기준권리가 되고, 이 말소기준권리를 포함한 이후의 권리들은 전부 말소된다.

두 번째는 임차인의 대항력을 확인해 본다. 임차인 이○○(2017. 12. 15.)은 말소기준권리인 근저당권자 국민은행(2001. 10. 15)보다 뒤에 전입신고를 했기 때문에 대항력이 없는 임차인이며 명도 대상이 된다.

이와 같은 정보를 통해 권리분석을 하면 다음과 같다. 이 물건은 말소기준권리인 국민은행을 포함한 이후의 모든 권리자는 말소되기 때문에 권리분석상 문제가 없고, 임차인은 대항력이 없는 자로 명도 대상이다. 이 물건은 임차인의 보증금을 떠안을 필요 없는 물건으로 권리분석이 용이한 물건이다.

- **선순위임차인과 당해세의 권리분석**

등기부등본의 권리자(임차인 포함)를 날짜 순으로 나열하면 다음과 같다.

권리	권리자	등기 / 확정일	전입 / 사업	채권액(단위: 만원)
법원경비	법원	–	–	–
압류	남양주세무서	2018-01-03	–	체납상당액
임차인	김○○	2016-08-25	2016-08-25	3억 3,000
근저	신한은행 (세종로금융센터)	2016-09-12	–	2억 4,000
가압	기술보증기금 (종로기술평가센터)	2017-11-20	–	5억 5,800

가압	하나은행 (충무로역지점)	2017-11-21	–	6억 원
가압	신용보증기금 (남양주지점)	2017-11-30	–	6,480
가압	중소기업진흥공단	2017-12-06	–	2억 6,034

먼저 말소기준권리를 알아보자. 이 물건은 근저당권자와 가압류권자가 많이 기입되어 있어 언뜻 보면 복잡한 물건으로 보이지만 단순하게 판단하면 된다. 날짜 순으로 나열했을 때 말소기준권리는 근저당권자인 신한은행(등기일자 2016. 9. 12.)이다. 이후의 가압류가 많이 있지만 말소기준권리를 포함해 전부 말소되기 때문에 응찰자 입장에서는 문제될 것이 없다.

다음으로 임차인의 보증금 인수 여부를 따져보자. 임차인 김○○은 말소기준권리보다 앞서 전입신고를 했기 때문에 대항력이 있다. 배당에서 보증금 전액이 변제되지 않으면 낙찰자가 남은 금액을 인수해야 한다.

당해세의 배당 여부를 알아보자. 당해세는 매각 대상이 되는 해당 부동산에 대해 부과된 조세로서, 세법상 국가 예산의 원활한 확보를 목적으로 법적으로 우선변제권이 있음을 명심해야 한다. 압류권자인 남양주세무서(2018. 1. 3.)가 등기된 날짜는 말소기준권리보다 늦지만 당해세이기 때문에 집행비용 다음으로 우선변제가 된다.

배당표를 작성해 보자. 예상 배당금 5억 8,150만 원, 집행비용 150만 원 예상, 남양주세무서 1,000만 원 예상, 임차인 김○○ 3억

3천만 원, 근저당권자 신한은행 2억 4천만 원(이하 가압류 금액은 표와 동일).

```
0순위  집행비용      1,500,000원(경매신청 채권자)

1순위  당해세        10,000,000원(남양주세무서)

2순위  임차인        330,000,000원(김○○)

3순위  근저당권자    240,000,000원(신한은행)

4순위  가압류        배당금 없음
```

• 권리분석 성공 사례 1

권리분석을 성공한 사례를 들어 실제로 권리분석을 해보고자 한다.

소재지/감정서	면적(단위 : ㎡)	진행결과	임차관계/관리비	등기권리
(565-802) 전북 완주군 삼례읍 삼례리 ▓▓ [지도] [토지이용]	대 지 • 14.686/7730㎡ (4.44평) 건 물 • 42.12㎡ (12.74평) 총 보존등기 1997.05.23	감정 25,000,000 100% 25,000,000 낙찰 2010.02.22 31,100,000 (124.40%) 손록계 응찰 7명	▶ 법원임차조사 ▓▓ 전입 2005.05.20 확정 2007.10.01 배당 2009.10.07 보증 1500만 점유 -	• 집합건물등기 소유권 ▓▓ 이 전 2004.05.13 전소유자:대영건 설 낙찰(2004.05.07)
▶ 건물구조 [구분건물] • 중소규모아파트단지,주택, 상가,농경지혼재 • 인근시내버스승강장소재		허가 2010.03.02 납부 2010.03.23	(점유: 2007.9.30.부터) (임차대항) •총보증금:15,000,000 임대수인등계산	근저당 대OK(새) 2007.10.25 15,000,000 [말소기준권리]
• 도시가스난방 • 도시지역 • 도시계획시설소로2류접합 • 철근콘크리트조 • 슬래브(평)	대지감정 5,000,000 평당가격 1,126,130 건물감정 20,000,000 평당가격 1,569,860 감정기관 현대감정	▶ 종국결과 배당 2010.04.21	▶ 관리비체납내역 •체납액:250,540 •확인일자:2010.02.08 •6개월(08/7~09/12) •전기수도포함가스별도 •☎ ▓▓	가압류 현대캐피탈 (전주채권센터) 2008.03.03 1,782,612 가압류 중소기업은행 (여신관리부) 2008.07.17 9,209,950

이 물건은 전북 완주군 삼례읍에 있는 중소형 아파트로서 감정

가 2,500만 원, 최저 매각가 2,500만 원으로 입찰보증금은 최저 매각가의 10%인 250만 원이다. 여섯 곳 이상의 부동산중개업소에 시세를 문의해 보니 대략 2,500만 원으로 시세보다 1천여 만 원 이상 저렴하게 나온 물건이다.

이 물건의 세입자 김○○은 말소기준권리(2007. 10. 25.) 이전에 전입한(2005. 5. 20.) 선순위 세입자로서 낙찰자에게 대항력이 있었으나 배당요구를 했다. 배당금에서 선순위로 배당받은 세입자 김○○은 전세보증금을 전액 받기 때문에 명도할 필요가 없는 세입자였다. 권리분석상 아무 문제가 없는 물건이다.

이 물건은 약 4년간 보유하는 동안 임대수익(보증금 300만 원, 월세 30만 원) 1,400여만 원, 매각 차익은 1,500여만 원으로 대략 3천만 원의 수익을 거뒀다.

• 권리분석 성공 사례 2 _1,100만 원으로 40평 아파트를 소유한 사례

소재지/감정서	면적(단위:㎡)	진행결과	임차관계/관리비	등기권리
(16938) 【목록1】경기 용인시 수지구 아파트 [지도] [등기] 토지이용 【구분건물】 • 본건은 경기도 용인시 수지구 상현동 소재 서원중학교 북서측 인근에 위치하고, 주변은 아파트 단지 및 각급 학교, 각종 근린생활시설 등이 혼재하는 지역으로서 주위환경은 보통임. • 본건까지 차량출입이 가능하고 인근에 노선버스정류장이 소재하여 대중교통상황은 무난함. • 철근콘크리트조 경사지붕 18층 아파트 중 제1층 제101호로서 외벽은 몰탈위페	대지 • 64.6/27584.6㎡ (19.53평) 건물 • 133.6091㎡ (40.42평) 총 18층 중 1층 보존등기 2001.12.31 토지감정 190,000,000 평당가격 9,728,630 건물감정 190,000,000 평당가격 4,700,650 감정기관 해민감정	감정 380,000,000 100% 380,000,000 유찰 2018.04.05 70% 266,000,000 낙찰 2018.05.08 330,980,000 (87.10%) 응찰 3명 2위 응찰가 318,762,500 [법원기일내역]	▶법원임차조사 전입 2002.06.10 확정 - 배당 - 보증 - 점유 전부/주거 (현황서상) ▶전입세대 직접열람 [유] 이** 2015.06.22 열람일 2018.03.22 ▶관리비체납내역 • 체납액:0 • 확인일자:2018.03.22 • 18년1월까지미납없음 • ☎ ▶관할주민센터 용인시 수지구 상현1동	• 집합건물등기 소유권 이 전 2014.07.18 340,000,000 전소유자: 매매(2014.07.07) 근저당 중소기업은행 (광교지점) 2014.08.11 325,200,000 [말소기준권리] 근저당 중소기업은행 (광교지점) 2015.06.26 96,000,000 근저당 미래크레디트대부 2017.04.18 30,000,000

이 물건은 53평형 아파트로 감정가 3억 8천만 원이다. 권리분석을 하면 표면상으로는 대항력 있는 임차인으로 보이지만 임대차관계조사서에 따르면 임차인이 소유자의 부친으로 무상 거주하고 있다고 진술해 실질적인 대항력을 갖춘 임차인으로 볼 수 없다.

여기서 눈여겨볼 점이 있는데 바로 이 물건의 감정기일이다. 감정기일은 2017년 12월 1일이고, 한 번 유찰되어 2018년 5월 다시 경매 물건으로 나왔다. 이런 경우 감정기일과 입찰기일 사이의 아파트 거래 가격 상승분이 반영되지 않았으니 2018년 상반기(3월과 4월)의 아파트 실거래가 내역을 반드시 확인해야 한다.

국토교통부 아파트 실거래가 매매 - 경기 용인시 수지구 상현동				전월세			
계약일	면적	층수	계약금액	계약일	면적	층수	전월세금액
2018.04.11~20	103.19㎡	16층	38,000만원	2018.04.01~10	133.61㎡	19층	34,000만원
2018.03.01~10	133.61㎡	10층	40,000만원	2018.04.01~10	133.61㎡	19층	34,000만원
2018.03.01~10	133.61㎡	10층	40,000만원	2018.03.01~10	133.61㎡	2층	33,000만원
2018.03.01~10	133.61㎡	10층	40,000만원	2018.03.01~10	103.19㎡	6층	30,000만원
2018.03.01~10	103.19㎡	12층	36,200만원	2018.03.01~10	133.61㎡	2층	33,000만원

국토교통부의 아파트 실거래가 내역을 보면 그 지역에서 비슷한 면적의 아파트가 4억 원 정도에 거래되고 있음을 확인할 수 있다. 그 지역 부동산중개소에 문의하고 국토교통부 아파트 실거래가를 분석해 보니 1층에 위치한 물건임을 감안해 시세는 3억 8천만 원에 형성되고 있었다. 아파트는 층수에 따라 가격 차이가 난다는 점을 명심해서 시세를 파악해 입찰가를 산정해야 한다. 이 지역은 전세 수요가 많아서 전세를 놓아 실투자금(약 1,100만 원)을 크게 줄일 수 있었다.

투자금 내역

항목	세부내역	금액
순투자금액 (A)	낙찰가	330,980,000
	보증금	330,000,000
	소계	980,000

예상 수익 내역

항목	세부내역	금액
매매 차익 (E)	매도가 (예상가)	380,000,000
	낙찰가	330,980,000
	소계	49,020,000

*매도 예상가는 1층임을 고려하여 3억 8천만 원으로 가정함.

세 금(B)	취득세	4,302,740
기타 비용 (C)	이사비	–
	수리비	6,000,000
회수 금액(D)	보증금	

세 금 (F)	양도세 (비과세)	

실투자금(A+B+C)	11,282,740

추정 예상 수익	49,020,000
예상 수익률(%)	434

• 권리분석 성공 사례 3 _ 수익률 두 배가 되는 법정지상권 처리

대표소재지	[목록1] 서울 도봉구 도봉동						
대표용도	과수원	채 권 자	제주양돈축산업협동조합 임의경매				
기타용도	-	소 유 자			신 청 일		2017.03.06
감정평가액	806,420,000원	채 무 자	주식회사 하루돈		개시결정일		2017.03.08
최저경매가	(41%) 330,310,000원	경매대상	토지전부		감 정 기 일		2017.03.21
낙찰 / 응찰	421,150,000원 / 3명	토 지 면 적	1322㎡ (399.91평)		배당종기일		2017.05.22
청 구 금 액	295,903,260원	건 물 면 적	0㎡		낙 찰 일		2018.03.12
등기채권액	5,547,713,844원	제시외면적	0㎡		배 당 기 일		2018.05.29
물 건 번 호	1 [납부]						

소재지/감정서	면적(단위:㎡)	진행결과	임차관계/관리비	등기권리
(01302) [목록1] 서울 도봉구 도봉동 지도 등기 토지이용 토지대장 [토지] · 본건은 서울특별시 도봉구 도봉동 소재 도봉고등학교 남서측 인근에 위치하는 부동산으로서, 주위는 아파트 단지 및 단독주택, 근린생활시설, 농경지, 임야 등이 혼재하는 지대로서 제반 주위환경은 보통임. · 본건까지 제반 차량의 출입이 가능하며, 도보 가능거리에 버스 정류장이 소재하는 등 제반 교통상황은 보통임. · 사다리형 평지의 토지로서, 현황 전으로 이용중임. · 본건 동측으로 노폭 약3m	과수원 · 1322㎡ (399.91평) · (현:전) 제시외 · 수목 입찰외 창고 12㎡ (960,000원) 평상 6㎡ (240,000원) =법정지상권성립여부 불분명 감정지가 610,000/㎡ 토지감정 806,420,000 평당가격 2,016,560 감정기관 성현감정	감정 806,420,000 100% 806,420,000 유찰 2017.07.24 80% 645,136,000 낙찰 2017.09.04 673,950,000 (83.57%) 이서경 응찰 1명 허가 2017.09.11 미납 2017.10.17 80% 645,136,000 유찰 2017.11.27 64% 516,109,000 유찰 2017.12.26 51% 412,887,000 유찰 2018.01.29	▶법원임차조사 조사된 임차내역 없음	· 토지등기 소유권 이 전 2004.05.31 전소유자: 매매(2004.05.28) 근저당 제주양돈축협 2011.11.03 250,000,000 [말소기준권리] 지상권 제주양돈축협 2011.11.03 (만30년) 근저당 하나은행 (천안공단지점) 2015.10.29 571,000,000 근저당 부흥캐피탈대부 2016.01.18

　　이 물건은 과수원으로, 과수원이 경매 물건으로 나왔을 때는 반드시 과수원 현장을 방문해 건물의 존재 여부 등 법정지상권을 확인해야 한다. 제시외건물을 제외해 과수원 주변 시세가 평당 300만 원으로 시가가 12억 원 정도 물건으로 도로변에 위치해 있다. 감정가 대비 52.22%인 4억 2,115만 원에 낙찰받았다. 현장에 나가 확인하니 대지 위에 18㎡ 정도 되는 창고와 평상의 건물이 존재해 창고 등에 대한 처리가 문제 되어 기 낙찰자 이○○이 잔대금을 납

부하지 않았다.

이 건은 법정지상권의 성립 여부가 문제 되는 물건이다. 법정지상권은 (근)저당권 설정 당시에 건물이 존재해야 하고, 토지와 건물의 소유자가 동일인이어야 하며 경매로 인해 소유자가 달라지는 경우에 한해 법정지상권이 인정된다. 토지 위에 저당권을 설정한 뒤에 그 저당 토지 위에 건물을 짓고 경매로 인해 토지와 건물의 소유자가 달라진 경우에는 법정지상권이 인정되지 않아 저당된 토지 위의 건물에 대한 일괄 경매권을 허용한다. 이 경우 토지를 경락받은 사람은 건물 소유자에게 건물의 철거를 요구할 수 있다. 건물을 철거할 경우 사회적 손실을 초래하므로 이를 막고자 저당권자가 토지와 함께 건물도 일괄해서 경매를 신청할 수 있도록 했다.

토지 저당권자가 일괄 경매를 청구할 수 있는 경우는 저당권 설정자인 토지 소유자가 해당 토지 위에 건물을 지은 경우에만 가능하다. 다른 사람, 즉 저당권을 설정한 뒤에 토지 소유권을 취득한 사람이나 저당권 설정자로부터 용익권(지상권 등)을 취득해 건물을 지은 경우에는 일괄 경매권이 인정되지 않는다. 또한 토지 저당권자에게 일괄 경매의 의무가 부담되는 것이 아니며, 토지에만 경매를 신청하고 건물에는 경매 신청을 하지 않아도 관계없다.

이제 이 물건을 검토해보자. 2011년 11월 3일 제주양돈축협에서 근저당권과 지상권을 설정했다. 그에 앞서 2004년 5월 31일에 소유권을 이전했다. 저당권 설정 이후에 건물을 축조했으므로 이 물건은 법정지상권이 성립되지 않는다. 이에 낙찰자는 건물 철거를 요구하거나 건물을 매수 청구할 수 있다.

이 물건은 건물(창고와 평상) 처리에 시간과 비용이 요구되는 사항으로 철거 등에 따른 대지의 사용은 문제가 없을 것으로 판단된다. 법정지상권에 대해 정확히 분석할 수 있다면 현 시세의 절반 가격에 과수원 등을 매수해 2배의 수익률을 만들 수 있는 물건이다.

법정지상권의 성립 여부, 제시외건물이 있는 과수원, 토지(대지)의 입찰은 항상 주의해야 한다. 경매 초보자는 경매 전문가와 상의해서 입찰에 참여하는 것이 현명한 방법이다.

• 권리분석 성공 사례 4 _ 빌라 1,000만 원으로 경락 후 3개월 이내 매각차익 1,200만 원 실현

대표소재지	인천 남동구 만수동 ▓▓▓ ▓▓▓▓ ▓▓ ▓▓▓▓▓ ▓					
대 표 용 도	다세대	채 권 자	국** 임의경매		
기 타 용 도	-	소 유 자	석**	신 청 일	2007.02.27
감정평가액	40,000,000원	채 무 자	석**	개시결정일	2007.02.28
최저경매가	(70%) 28,000,000원	경 매 대 상	건물전부, 토지전부	감 정 기 일	2007.07.11
낙찰 / 응찰	42,772,000원 / 6명	토 지 면 적	19.09㎡ (5.77평)	배당종기일	2007.06.20
청 구 금 액	6,660,010원	건 물 면 적	37.48㎡ (11.34평)	낙 찰 일	2007.12.14
등기채권액	44,649,377원	제시외면적	0㎡	종 국 일 자	2008.02.27
물 건 번 호	1 [배당]				

소재지/감정서	면적(단위:㎡)	진행결과	임차관계/관리비	등기권리
(405-240) 인천 남동구 만수동 ▓▓▓▓▓ ▓▓▓ 지도 토지이용 ▶건물구조 [구분건물] • 표기:B02호 • 문일여자고등교서측인근 • 단독및다세대,소규모근린 시설형성 • 차량통행용이, 버스정류장 인근	대지 • 19.09/366.8㎡ (5.77평) 건물 • 37.40㎡ (11.34평) 총 4층 중 지하1층 보존등기 1993.08.20 토지감정 16,000,000 평당가격 2,772,970 건물감정 24,000,000 평당가격 2,116,410	감정 40,000,000 100% 40,000,000 유찰 2007.11.15 70% 28,000,000 낙찰 2007.12.14 42,772,000 (106.93%) 조** 응찰 6명 허가 ▶종국결과 배당 2008.02.27	▶법원임차조사 차** 전입 2006.07.20 확정 2006.01.12 배당 - 보증 1700만 점유 - (등기부상) *총보증금:17,000,000 임대수익률계산 ▶전입세대 직접열람 50 전입 없음 열람일 2007.11.06	저 당 국** (주안) 1993.09.03 9,100,000 (구: 주택은행) [말소기준권리] 소유권 석** 이 전 1996.07.23 매매(1996.06.20) 가압류 인** 2006.06.19 11,558,768 가압류 농**

본 물건에 대한 권리분석을 해보자. 먼저 말소기준권리는 저당권자인 구 주택은행(1993. 9. 3.)으로 이 기준권리보다 앞선 선순위 임차인이나 선순위 권리자가 없어서 낙찰자가 떠안아야 하는 금액은 없다. 또한 등기부등본을 보면 가압류가 두 건 있지만 이 권리 또한 말소기준권리 이후에 들어온 후순위 권리자여서 낙찰이 됨과 동시에 전부 말소가 되기 때문에 권리분석이 그다지 어려운 물건은 아니다.

현황조사서를 보면 임차인 차○○이 점유하고 있는데 이 임차인은 말소기준권리보다 전입일자는 늦다고 할 수 있지만 임대차 만료 후 집주인이 임대보증금을 반환하지 않자 임차인은 임차권등기명령을 통해 권리를 확보받았고 경매 배당 순위에 따라 법원으로부터 보증금 전액을 배당받을 수 있다.

이 임차인이 법원으로부터 배당을 받기 위해서는 임차인이 명도했다는 것을 낙찰자에게 입증해야 한다. 이후 낙찰자의 인감증명서가 첨부된 명도확인서를 법원에 제출해야 임차인이 보증금 전액을 보전받을 수 있다. 이런 과정을 거쳐야 하기 때문에 낙찰자는 어렵지 않게 명도할 수 있었다.

투자금 내역

항목	세부내역	금액
순투자금액 (A)	낙찰가	42,772,000
	대출금	33,000,000
	소계	9,772,000

예상 수익 내역

항목	세부내역	금액
매매 차익 (E)	매도가 (예상가)	55,000,000
	낙찰가	42,772,000
	소계	12,228,000

세 금(B)	취득세	940,000
기타 비용 (C)	이사비	–
	수리비	3,000,000
회수 금액(D)	보증금	

세 금 (F)	양도세 (비과세)	

*세금: 1년 이내에 매각해서 세율 50%를 적용했지만 취
득세 및 수리비 등 환급 및 기본공제를 적용해 세금이
없음

실투자금(A+B+C)	13,712,000	추정 예상 수익	12,228,000
		예상 수익률(%)	89

● 이 물건은 경락 후 3개월 이내에 매각하여 양도차익을 실현했으며
은행 대출이자 3개월치 60만 원을 지출했음.

· 권리분석 실패 사례 1 _ 경매 잔대금 미납으로 인한 입찰보증 금 몰수 사례

[상도동] 아파트	중앙9계 2008-12751 (2) 경매9계( ) 법원안내		❸관심사건등록 ❺안내

대표소재지	서울 동작구 상도동				
대표용도	아파트	채 권 자	주식회사푸른이상호저축은행[변경후:주식회사오에스비저축은행] 강제경매		
기타용도	-	소 유 자	GO	신 청 일	2008.04.28
감정평가액	244,000,000원	채 무 자		개시결정일	2008.04.29
최저경매가	(51%) 124,928,000원	경 매 대 상	건물지분, 토지지분	감 정 기 일	2016.03.15
낙찰 / 응찰	143,200,000원 / 1명	토 지 면 적	19.13㎡ (5.79평)	배당종기일	2014.09.15
청 구 금 액	900,000,000원	건 물 면 적	50.14㎡ (15.17평)	낙 찰 일	2016.09.06
등기채권액	2,616,347,945원	제시외면적	0㎡	잔금납부기한	2016.11.03

소재지/감정서	면적(단위:㎡)	진행결과	임차관계/관리비	등기권리
(06912) 서울 동작구 상도동 1-5 ▨▨▨ [지도][등기] [토지이용] [구분건물] · 서울특별시 동작구 상도동 소재 강남초등학교 북측 인근에 위치한 삼부한강아 서, 부근은 아파트단지(건영, 신동아 등) 및 다세대, 단독주택 등으로 형성되어 있으며, 주거환경의 쾌적성은 보통임. · 본건까지 제반 차량출입이 용이하며, 남서측 인근에 마을버스 승강장이 소재하는 등 대중교통사정은 보통임. · 철근콘크리트벽식구조 스라브지붕 9층 건물 내 일부 (강경주 외 7명 지분)로서, 외벽: 모르타르위 수성페인트 마감, 내벽: 벽지도배 및 일부 타일붙임 등, 바	대 지(지분) · 510㎡중 75.21/1336.78 6/9 ⇒19.13㎡ (5.79평) 건 물(지분) · 75.21㎡중 6/9 ⇒50.14㎡ (15.17평) 보존등기 2005.07.15 토지감정 122,000,000 평당가격 21,082,950 건물감정 122,000,000 평당가격 8,043,960 감정기관 신명감정	감정 244,000,000 ▶ 104% 253,000,000 변경 2011.06.21 최초감정 253,000,000 ▶ 104% 253,000,000 변경 2011.12.13 ▶ 100% 244,000,000 유찰 2016.05.17 ▶ 80% 195,200,000 유찰 2016.06.21 ▶ 64% 156,160,000 유찰 2016.07.26 ▶ 51% 124,928,000 낙찰 2016.09.06 143,200,000 (58.69%) 조귀범 응찰 1명 허가 2016.09.27 미납 2016.11.03	▶ 법원임차조사 전입 2008.06.27 확정 2005.09.12 배당 2008.06.20 보증 6000만 점유 전부(방3칸)/주거 (점유: 2005.9.12~) ▶ 총보증금:60,000,000 임대수익률 계산 ▶ 관할주민센터 동작구 상도제1동 ☎ ▨▨▨	· 집합건물등기 소유권 보 존 ▨▨▨ 2005.08.12 가압류 푸른이상호저축은행 2005.09.14 860,547,945 [말소기준권리] 가처분 ▨▨▨ 2005.09.26 2005카합3233 서울중앙지방법원 [내용보기] 가압류 ▨▨▨ 2005.12.29 189,800,000 가압류 ▨▨▨ 2006.04.28 1,346,000,000 가처분 (주)와이케이정보 통신 2007.11.30

[물건명세서]

사건	2008타경12751 부동산강제경매		매각물건번호	2	담임법관 (사법보좌관)	▨▨▨
작성일자	2016.08.22		최선순위 설정 일자	토지:2003.05.03. 근저당 건물:2005.09.14. 가압류		
부동산 및 감정평가액 최저매각가격의 표시	부동산표시목록 참조		배당요구종기	부동산강제경매		

부동산의 점유자와 점유의 권원, 점유할 수 있는 기간, 차임 또는 보증금에 관한 관계인의 진술 및 임차인이 있는 경우 배당요구 여부와 그 일자, 전입신고일자 또는 사업자등록신청일자와 확정일자의 유무와 그 일자

점유자의 성명	점유부분	정보출처 구분	점유의 권원	임대차기간 (점유기간)	보증금	차임	전입신고일자 사업자등록신청일자	확정일자	배당요구여부 (배당요구일자)
▨▨	전부(방3칸)	권리신고	주거임차인	2005.9.12~	6,000만원		2008.6.27	2005.9.12	2008.06.20
미상	202호	현황조사	주거임차인	미상	미상	미상	미상	미상	

<비고>

최선순위 설정일자보다 대항 요건을 먼저 갖춘 주택, 상가건물 임차인의 임차보증금은 매수인에게 인수되는 경우가 발생할 수 있고, 대항력과 우선변제권이 있는 주택,상가건물 임차인이 배당 요구를 하였으나 보증금 전액에 관하여 배당을 받지 아니한 경우에는 배당받지 못한

내가 낙찰한 물건은 아니지만 독자들의 이해를 돕기 위해 권리 분석에 실패한 사례를 소개하겠다. 이 물건은 채권자 푸른이상호 저축은행에서 경매를 진행했고 채무자 박○○ 외 7명이 돈을 빌려 썼는데 대출금을 변제하지 못하자 채권자 측에서 부동산 강제경매 를 진행했다. 이 물건은 여러 차례 유찰이 되었다가 6회차 매각기

일에 1억 4,320만 원에 낙찰되었다.

매각물건명세서의 '비고란'을 보면 '일부 지분 매각', '토지 별도 등기', '건축법상 승인받지 않은 물건' 등이 기재되었다. 수차례 유찰된 이유가 매각물건명세서에 기재되었다.

낙찰자 조○○은 최저 경매가 1억 2,492만 8,000원의 입찰보증금 10%인 금 1,249만 2,800원의 입찰보증금을 현금으로 담보로 제공하고 1억 4,320만 원으로 낙찰자가 되었지만 대금납부기일까지 잔금을 납부하지 못하고 입찰보증금을 미납해 낙찰자는 입찰보증금을 날리게 되었다.

이처럼 부동산 경매는 권리분석을 어떻게 하느냐에 따라 큰 경제적 이득을 볼 수도 있지만 입찰보증금을 날릴 수도 있음을 명심 또 명심해야 한다.

이 물건에 대해서는 완전한 지분을 취득하는 것이 아닌 일부 지분을 매각하는 것이므로 재산권을 행사하는 데 제한이 있을 수 있고, 건축법상 사용 승인을 받지 않은 건물, 즉 불법 건축물임을 알 수 있다. 이런 물건을 낙찰받으면 낙찰자는 관할 지자체에 별도의 승인을 받아야만 사용할 수 있는 물건이다. 불법 건축물인지 아닌지를 따졌어야 하는데 살피지 못했다.

• 권리분석 실패 사례 2 _ 낙찰 불허가 결정으로 보증금 몰수 사례

[방배동] 전	중앙6계 2017-104911 (1)		

대표소재지	[목록1] 서울 서초구 방배동				
대 표 용 도	전	채 권 자	파산자 주식회사 제일저축은행의 파산관재인 예금보험공사		
기 타 용 도	-	소 유 자		신 청 일	2017.09.20
감정평가액	77,008,830원	채 무 자		개시결정일	2017.09.21
최저경매가	(80%) 61,607,000원	경 매 대 상	토지지분	감 정 기 일	2017.10.13
낙찰 / 응찰	68,001,000원 / 1명	토 지 면 적	110.17㎡ (33.33평)	배당종기일	2017.12.29
청 구 금 액	100,000,000원	건 물 면 적	0㎡	낙 찰 일	2018.03.07
등기채권액	86,000,000원	제시외면적	0㎡	불 허 일	2018.03.14
물 건 번 호	1 [불허]				

소재지/감정서	면적(단위: ㎡)	진행결과	임차관계/관리비	등기권리
(09651) [목록1] 서울 서초구 방배동 [토지대장] [토지] · 본건은 서울특별시 서초구 방배동 소재 서울특별시교 육청 교육연수원·남사측 인근에 위치하는 부동산 (공유지분 전으로 매각대상 분) 11017 전부)으로서 주위는 전, 답, 과수원 등의 농경 지와 임야(OK산)가 혼재 하고 인근에 연수원, 가스 충전소, 적치장 및 창고 등 이 소재하는 자연녹지지역 내 농경지대 및 산림지대 임. · 본건까지 차량출입 불가능 하고 노선버스정류장과의 거 리 등으로 보아 대중교통 편의는 다소 열세함. · 목측으로 검사者 이준 부 정형 토지로서 전으로 이	전(지분) · 651 ㎡을 11017/661CD →110.17㎡ (33.33평) 입찰외 비닐하우스 ☞ 법정지상권 성립여부 불분명 [확인요망] 감정지가 699,000/㎡ 토지감정 77,008,830 평당가격 2,310,750 감정기관 한국기업가치감 정	감정 77,008,830 100% 77,008,830 유찰 2018.02.07 감정 61,607,000 낙찰 2018.03.07 68,001,000 (88.30%) 응찰 등찰 1명 불허 2018.03.14 [법원기일내역]	▶법원임차조사 조사된 임차내역 없음	· 토지등기 소유권 이 전 1989.06.02 전소유자:송기봉 매매(1989.05.31) 근저당 1990.08.16 36,000,000 [말소기준권리] 압 류 서울특별시서초구 2006.04.04 압 류 국민건강보험공단 서초북부지사 2009.06.25 압 류 서울특별시서초구 2010.06.23 가압류 제일저축은행 2012.07.12 50,000,000 강 제 예금보험공사

매각물건명세서							
사 건	2017타경104911 부동산강제경매	매각 물건번호	1	작성 일자	2018.08.28	담임법관 (사법보좌관)	이석
부동산 및 감정평가액 최저매각가격의 표시	별지기재와 같음	최선순위 설정	1990.08.16. 근저당권			배당요구종기	2017.12.29

부동산의 점유자와 점유의 권원, 점유할 수 있는 기간, 차임 또는 보증금에 관한 관계인의 진술 및 임차인이 있는 경우 배당요구 여부와 그 일자, 전입신고일자 또는 사업자등록신청일자와 확정일자의 유무와 그 일자

점유자의 성 명	점유부분	정보출처 구 분	점유의 권 원	임대차기간 (점유기간)	보 증 금	차 임	전입신고일자,사업 자등록 신청일자	확정일자	배당요구여부 (배당요구일자)

조사된 임차내역없음

※ 최선순위 설정일자보다 대항요건을 먼저 갖춘 주택·상가건물 임차인의 임차보증금은 매수인에게 인수되는 경우가 발생 할 수 있고, 대항력과 우선변제권이 있는 주택·상가건물 임차인이 배당요구를 하였으나 보증금 전액에 관하여 배당을 받지 아니한 경우에는 배당받지 못한 잔액이 매수인에게 인수되게 됨을 주의하시기 바랍니다.

등기된 부동산에 관한 권리 또는 가처분으로 매각으로 그 효력이 소멸되지 아니하는 것

매각에 따라 설정된 것으로 보는 지상권의 개요

이 물건은 서울 서초구 방배동 ○○○번지의 '전'으로 토지 지분 전부에 대하여 경매가 진행되었다. 감정가는 7,700만 8,830원이고, 최저매각가는 감정가의 80%인 6,160만 7,000원으로 입찰보증금은 최저매각가의 10%인 616만 700원을 담보 제공했다. 이 물건과 관련해서 법원에서는 '전, 답, 과수원'에 대한 경매 진행 시 '농지취득자격증명'을 제출해야 경매 낙찰 시 매각허가 결정을 한다는 전제조건이 있음에도 낙찰자 공○○은 경매 물건에 대한 권리분석을 할 때 농지취득자격증명을 낙찰 후 1주일 이내에 관할 읍·면·동사무소에서 발행해 경매 법원에 농지취득자격증명을 제출하지 않아 경매 매각 불허가 결정이 되었다. 이로 인해 낙찰자의 입찰보증금은 법원에 몰수되었다.

상기 물건은 매각물건명세서의 비고란에 '이 사건 토지 취득 시 농지취득자격증명을 제출하여야 하며 최고가 매수신고 후 매각허가기일까지 제출하지 아니한 경우에는 부득이한 사유가 없는 한 매수보증금을 반환하지 아니함'이라고 기입되어 있다.

경매 물건에 대한 권리분석 시 농지취득자격증명을 발급받을 수 있는지 미리 검토했어야 하나 검토를 소홀히 해 입찰보증금을 몰수당한 사례다.

관련 법률 「농지법」 제8조(농지취득자격증명의 발급) '① 농지를 취득하려는 자는 농지 소재지를 관할하는 시장(구를 두지 아니한 시의 시장을 말하며, 도농 복합 형태의 시는 농지 소재지가 동지역인 경우만을 말한다), 구청장(도농 복합 형태의 시의 구에서는 농지 소재지가 동지역인 경우만을 말한다), 읍

장 또는 면장(이하 "시·구·읍·면의 장"이라 한다)에게서 농지취득자격증명을 발급받아야 한다'라고 규정하고 있어 경매 물건 '전, 답, 과수원'에 대한 권리분석 시 이 법률 규정을 숙지하고 농지취득자격증명의 발급 여부를 검토해 불의의 피해를 막아야 한다.

- **권리분석 실패 사례 3 _ 경매로 건물만 낙찰받고 지료청구소송에서 패소한 사례**

대표소재지	전북 전주시 덕진구 ▮▮ ▮▮▮▮					
대 표 용 도	단독주택	채 권 자	동** 경제경매			
기 타 용 도	-	소 유 자	박**	신 청 일	2004.12.30
감정평가액	18,635,000원	채 무 자	박**	개시결정일	2004.12.31
최저경매가	(26%) 4,885,000원	경 매 대 상	건물전부	감 정 기 일	2005.01.12
낙찰 / 응찰	4,891,000원 / 1명	토 지 면 적	0㎡	배당종기일	2005.04.07
청 구 금 액	4,878,878원	건 물 면 적	80.6㎡ (24.38평)	낙 찰 일	2006.02.27
등기채권액	35,812,811원	제시외면적	8.4㎡ (2.54평)	종 국 일 자	2006.05.11
물 건 번 호	1 [배당]					

이 물건은 앞에서 잠깐 소개했었다. 지방에 있는 단독주택 물건으로 토지와 소유 일체에 대해 주택이 경매로 나온 물건이 아닌 건물만 경매로 진행되었다. 이 물건은 감정가 대비 수차례 유찰된 상태에서 낙찰자는 489만 1,000원에 낙찰을 받았다. 아주 싸게 낙찰을 받았으니 낙찰자는 하늘을 나는 기분이었을 것이다. 그이의 직업은 공인중개사. 낙찰자는 임차금과 월세를 더 많이 받으려고 기존 세입자를 이사 보냈다. 이 세입자는 월세를 한 번도 밀리지 않고 잘 살고 있었다. 그 후 새로운 세입자를 구했으나 계속 공실

로 남았다.

소재지/감정서	면적(단위:㎡)	진행결과	임차관계/관리비	등기권리
(561-410) 전북 전주시 덕진구 ▨▨ ▨▨▨ [지도] [토지이율] ▶건물구조 ·건물만입찰 ·팔선동마을내소재 ·심야전기보일러설비 ·제시외 건물(ㄱ)포함. ·블록조 ·슬레이트	·대지권 없음 건 물 ·80.6㎡ (24.38평) 제시외 ·변소 8.4㎡ (2.54평) 총 1층 보존등기 2000.03.11 건물감정 18,135,000 평당가격 743,850 제시외 500,000 평당가격 196,860 감정기관 백제감정	감정 18,635,000 100% 18,635,000 유찰 2005.05.23 80% 14,908,000 유찰 2005.06.27 64% 11,926,000 유찰 2005.08.01 51% 9,541,000 낙찰 2005.09.05 10,110,000 (54.25%) 응찰 1명 51% 9,541,000 유찰 2005.11.14 41% 7,633,000 유찰 2005.12.19 33% 6,106,000 유찰 2006.01.23 26% 4,885,000 낙찰 2006.02.27 4,891,000 (26.25%)	▶법원임차조사 조사된 임차내역 없음	* 건물등기 소유권 박** 이 전 2000.03.23 전소유자:유삼수 가압류 북** 2002.09.07 30,933,933 [말소기준권리] 가압류 동** (채권관리1팀) 2004.01.07 4,878,878 압 류 국** (전주북부지사) 2004.10.01 강 제 동** 2004.12.31 청구액 4,878,878원 [등기부채권총액] 35,812,811원 열람일 2005.05.01

엎친 데 덮친다고 건물만 소유한 낙찰자 김○○은 낙찰 후 몇 개월이 지나 토지 소유자에게 지료청구소송을 당하고 소송에서 패소해 매달 10만 원의 지료를 납부하게 되었다. 그 후 김○○은 토지 소유자와 합의를 통해서 토지 소유자가 건물을 매입하게 되었다. 낙찰자는 공실과 지료에 대한 무거운 짐을 덜 수 있게 되었다.

무엇이 문제였을까. 권리분석을 해보자. 이 물건은 단독주택으로 토지와 건물 전부에 대하여 경매로 나왔다면 아무런 문제가 없었겠지만 이 물건은 건물만 경매로 나왔고 낙찰 후 얼마 뒤 토지 소유자에게 지료를 청구당했다.

낙찰자는 이런 특이사항은 간과하고 오로지 감정가 대비 이익률이 좋고, 저렴하게 낙찰받을 수 있다는 생각만 했을 것이다. 결과적으로 이 낙찰자는 자신의 잘못된 권리분석과 판단으로 인해 수익을 올리기는커녕 토지 소유자에게 헐값에 매각해 손해를 봤다. 헐값 매각 전까지는 지료청구소송에 휘말려 수년 동안 시간과 비용 등에서 손실을 봤고 마음고생을 많이 했다.

이런 경우에는 어떻게 하는 것이 좋을까? 먼저 이 물건의 가치를 따져봐야 한다. 가치가 있다면 토지 소유자가 건물을 매입하든지, 건물 소유자가 토지를 매입하든지 해서 제대로 된 물건을 만들어야 한다. 건물만 경매에 나왔다면 현장에 나가 건물 상태를 꼼꼼하게 따져봐야 한다. 하자나 문제가 많은 건물만 낙찰받는 것은 추후 토지 소유자에게 헐값에 건물을 넘길 확률을 높일 뿐이다. 이런 물건은 아예 권리분석을 하는 과정에서 제쳐놔야 한다.

이 실패 사례에서 우리는 눈앞의 이익에만 급급해서 쉽게 판단한 권리분석이 어떤 파국을 몰고 오는지를 다시 한 번 머릿속에 되새겨야 한다.

• 권리분석 실패 사례 4 _ 지분 경락으로 인한 낭패 사례

대표소재지	[목록1] 전북 완주군 경천면				
대 표 용 도	전	채 권 자	강제경매		
기 타 용 도	-	소 유 자		신 청 일	2016.09.20
감정평가액	116,019,750원	채 무 자		개시결정일	2016.09.21
최저경매가	(70%) 81,214,000원	경 매 대 상	토지지분	감 정 기 일	2016.10.01
낙찰 / 응찰	93,870,000원 / 1명	토 지 면 적	2572.5㎡ (778.18평)	배당종기일	2016.12.26
청 구 금 액	150,000,000원	건 물 면 적	0㎡	낙 찰 일	2017.04.24
등기채권액	37,500,000원	제시외면적	0㎡	종 국 일 자	2017.06.26

소재지/감정서	면적(단위: ㎡)	진행결과	임차관계/관리비	등기권리
(55302) **[목록1]** 전북 완주군 경천면 [지도] [등기] [토지이용] [토지대장] [토지] · 전라북도 완주군 경천면 가천리 소재 요동마을 남측 인근에 위치하며, 주위는 일부 단독주택도 소재하나 대체로 마을주변농경지대로 형성되어 있습니다. · 17번 국도 오봉교에서 시우종마을로 연결되는 740번 지방도가 근접 위치하고 있고, 이 지방도에서 요동마을로 진입하는 포장도로가 개설되어 있음에 따라, 면급지역 농경지대로서의 일반적인 교통상황은 무난한 편입니다. · 지형 대체로 삼각형의 지세 평탄한 토지로서 남측	전(지분) · 5145㎡중 1/2 ⇒2572.5㎡ (778.18평) · (현:일부도로) 입찰외 수록 감정지가 45,100/㎡ 토지감정 116,019,750 평당가격 149,100 감정기관 성일감정	감정 116,019,750 100% 116,019,750 변경 2017.02.13 100% 116,019,750 유찰 2017.03.20 70% 81,214,000 낙찰 2017.04.24 93,870,000 (80.91%) 응찰 1명 허가 2017.05.01 납부 2017.06.01 ▶ 종국결과 배당 2017.06.26	▶ 법원임차조사 조사된 임차내역 없음	· 토지등기 (가천리 885) 소유권 이 전 2010.12.31 전소유자:박종기 상속(2010.09.14) 근저당 베리온대부 2012.07.16 37,500,000 [말소기준권리] 지상권 베리온대부 2012.07.16 (만30년) 강 제 2016.09.21 (2016타경 10884) 청구액 150,000,000원 [등기부채권총액] 37,500,000원 열람일 2017.08.02

이 물건은 경매 대상이 토지 지분으로서 토지 전부에 대해 경매로 나온 물건이 아니다. 이 때문에 경매로 낙찰을 받는다 해도 금융기관에서는 지분대출로 경락자금대출을 해주는 금융기관이 없다는 사실을 알고 있어야 한다. 먼저 이 사실을 알고 응찰에 참여할지, 자신의 투자 자산으로만 자금을 융통할지를 검토해야 한다.

이 물건은 현직 공인중개사가 낙찰 이후 금융기관에서 경락자금대출을 받지 못해 잔대금 납부가 어렵게 되자 낙찰자의 지인들에게 몇 천만 원씩 돈을 빌려 대금을 완납하면서 소유권이전 등기를 한 사례이다.

여러분이 권리분석을 하기 위해 경매 세계에 들어왔다고 생각하고 또 권리분석을 해보자. 근저당권자 베리온대부에서 2012년 7월 16일에 대출을 하고 소유자 겸 채무자 박○○이 채무 변제가 이루어지지 않아 경매신청(2016. 9. 20.)을 했다. 법원에서 임대차를 조사한 결과, 임대차 관계가 없어서 문제가 있는 물건은 아니지만 문제는 이 물건이 토지 지분이라는 것이다. 총면적 5,145㎡ 중 1/2인 2572.5㎡만 경매로 나왔다. 낙찰을 받는다면 소유권 제한이 있을 수 있어서 쉽게 매매 등으로 인한 수익률을 기대하기 어렵다. 상대방이 갖고 있는 지분을 매입할 수 있으면 다행이지만 낙찰자는 물건의 특성상 경락자금대출이 안 되는 상황이고, 자기 자금이 전혀 없어서 타인의 자금을 융통한 상황이었다. 말 그대로 진퇴양난이다.

이 물건의 감정가격은 1억 1,601만 9,000원으로 보통 지분 경락 물건은 수차례 유찰되어 가격이 싸졌을 때 낙찰을 보는 경우가 많은데 이 물건은 2차 매각기일 때 9,387만 원으로 단독 응찰해 높은 가격으로 낙찰받았다. 이 경우는 경매로 낙찰받으면 돈을 벌 수 있다는 욕심만 앞서서 이런 결과가 초래되었을 것이다.

또한 이 물건의 낙찰자는 경락자금대출이 된다고 판단하고 낙찰 이후 경락자금대출을 받지 못해 고생을 많이 했다. 경락자금대출은 무조건 된다는 생각만 갖고 사전에 자세히 알아보지 않았기 때문이다.

04

3단계
수익성 분석

수익률을 산정해 임장 보고서에 기록하는 이유는 입찰을 할지 말지 판단하기 위해서이다. 수익성이 없다면 입찰할 필요가 전혀 없기 때문이다.

입찰 가격을 산정할 때 잊지 말아야 할 것이 실거래 가격을 철저히 파악하는 것이다. 실거래 가격을 잘못 파악하면 입찰가를 높게 책정하게 되기 때문이다. 또한 오랜 기간 관리를 소홀히 했거나 방치한 물건이라면 수리 비용까지 고려해서 입찰가를 정해야 한다. 명도를 해야 한다면 명도 비용도 고려한다. 흔히 평당 8~10만 원 정도로 명도 비용을 계산한다. 취득세와 촉탁등기에 따른 수수료도 반영한다.

• 반값에 나온 경매 물건

경매 물건이 예상외로 싸게 나왔다면 수익성 분석은 잠시 뒤로 미루고 몇 가지 경우의 수를 생각해 봐야 한다. 물론 시세 대비 반값에 나온 물건이 전혀 없는 것은 아니다.

먼저 일반 주택이 아닌 지분 경매나 건물만 매각하는 경우이다. 주택 전체가 경매로 나온 것이 아니라 그 주택의 지분만 경매로 나왔거나 건물과 토지 전부가 아닌 건물만 경매로 나왔을 경우에는 당연히 주택 전체가 경매로 나왔을 때보다 감정평가액이 낮다. 이런 사실조차 모르고 경매에 참여하는 사람이 꽤 많다. 경매에 대한 기본적인 지식 없이 뛰어들었다가는 수익은커녕 지금까지 한푼 두푼 모은 소중한 종잣돈을 하루아침에 잃을 수도 있다. 덩치가 큰 물건을 먹겠다고 아무 준비 없이 욕심만 부리다가는 더 큰 것을 잃을 수 있음을 간과해서는 안 된다.

또 하나는 주택 자체에 하자가 있어서 반값도 안 되는 감정평가액을 받은 경우이다. 방수 또는 방음이 되지 않거나 결로가 심한 주택도 있다. 심한 경우 내부가 일부 소실되어 리모델링을 해야 하는 한다면 수리 비용이 많이 발생한다. 이런 경우 반드시 수리 비용을 고려해서 입찰가를 산정해야 한다. 이런 물건이라면 당연히 낙찰가는 낮아질 수밖에 없으며, 반값 이하로 낙찰되는 경우도 있다.

물론 권리상 또는 물건상 하자가 있다고 해서 모두 입찰을 포기해야 하는 것은 아니다. 하자를 손보는 데 필요한 경비를 제외하고도 수익을 낼 수 있다면 오히려 틈새시장이 될 수도 있다. '반값 경매' 시세보다 저렴하게 매입할 수 있다는 말에 현혹되기 전에 무슨 이유로 반값에 나왔는지를 꼼꼼하게 확인해야 한다. 터무니없이 싼 데는 숨은 이유가 있게 마련이다. 제대로 꼼꼼히 검토한 다음 입찰 여부를 결정해야 후회 없는 결과를 만들어낼 수 있다.

수익성 분석 공식

다음 공식을 참고해 수익성을 분석해 보자.

낙찰 가격	(	)원
세금(취등록세, 농어촌특별세, 지방교육세)	(	)원
국민주택채권	(	)원
명도(이사) 비용	(	)원
연체된 공과금(관리비)	(	)원
개보수 비용(도배, 장판, 싱크대 등)	(	)원
전체	(	)원
– 경락잔금대출 (	)원(대출이자	원)
– 임차보증금	(	)원
실제 내가 투자한 금액	(	)원

은행 대출을 받을 경우 1~2년 이내에 단기 매각할 목적이라면 근저당 설정 비용을 고객이 내는 것이 향후 중도상환수수료를 납부하는 것보다 큰 이득이 될 수 있기 때문에 근저당 설정 비용이 추가될 수 있다. 낙찰받을 경우 단기(1~3년 이내) 매각할지, 장기(3년 이상) 보유할지를 미리 검토해야 한다. 장기 보유한다면 은행에서 근저당 설정비를 부담하게 하는 것이 유리하고, 3년 이내에 매각할 계획이라면 낙찰자가 근저당 설정 비용을 납부해 중도상환수수료를 면제받는 것이 유리하다.

예를 들어 5천만 원을 대출받았다고 가정하면 은행에서 납부하는 근저당 설정 비용이 60만 원이지만, 반대로 낙찰자는 3년 이내 상환 시 중도상환수수료를 최대 3% 내야 하는 조건이 붙을 수 있다. 3년 이내 상환 시 3%의 중도상환수수료 150만 원을 낙찰자가 내야 한다. 이런 비용을 미리 검토해서 투자 계획, 매각 계획을 세워야 한다.

부동산을 소유하려면 취득세를 내야 하고, 부동산을 다른 사람에게 넘기면 양도세를 내야 한다. 또한 부동산을 소유하는 동안 재산세와 종합부동산세를 납부해야 한다. 문제는 1가구 2주택 이상 보유하면 세금이 더 많이 부과된다. 다주택자가 주택을 한 채 더 취득하면 1주택자보다 두 배 더 많은 세금을 내야 한다. 경매로 집을 사지 않는다면 이 세금은 큰 부담이 된다. 종합부동산세는 재산세의 하나로, 일정 기준을 초과하는 토지와 주택 소유자에 대해 국세청이 별도로 누진 세율을 적용해 부과한다.

물론 세금이 부담스럽기는 하지만 세금을 많이 낸다는 것은 그

만큼 소득이 많다는 뜻이다. 아무리 세금이 많다고 해도 소득을 초과하지는 않는다.

• 수익률 분석 연습

아파트 투자로 2억 원을 벌어들인 사례를 통해 수익률 내는 방법을 익혀보자.

대표소재지	서울 송파구 가락동				
대 표 용 도	아파트 (48평형)	채 권 자	자산관리공사 임의경매		
기 타 용 도	-	소 유 자		신 청 일	2008.06.05
감정평가액	935,000,000원	채 무 자	엑코이텍스타일	개시결정일	2008.06.09
최저경매가	(64%) 598,400,000원	경 매 대 상	건물전부, 토지전부	감 정 기 일	2008.07.08
낙찰 / 응찰	633,370,000원 / 1명	토 지 면 적	79.88㎡ (24.16평)	배당종기일	2008.09.10
청 구 금 액	895,004,992원	건 물 면 적	133.76㎡ (40.46평)	낙 찰 일	2009.01.12
등기채권액	1,634,052,980원	제시외면적	0㎡	종 국 일 자	2009.03.27

소재지/감정서	면적(단위:㎡)	진행결과	임차관계/관리비	등기권리
(138-160) 서울 송파구 가락동 [지도] [토지이용] ▶건물구조 [구분건물] ·계단식, 11개동 672세대 ·발코니일부거실로확장 ·송파중학교남측360m 지 접 ·근린상가,일반주택,대단위 아파트형성 ·버스정류장도보2분 소요 ·열병합지역난방 ·대공방어협조구역 ·군용항공기지보호구역 ·전술항공작전기지비행안 전제6구역 ·철근콘크리트조 슬래브(평)	대지 ·47807.4㎡중 79.80/477 57.8 ⇒79.8829㎡ (24.1 6평) 건물 ·133.76㎡ (40.46평) (방4,욕실2) 보존등기 1985.06.21 토지감정 280,500,000 평당가격 11,610,100 건물감정 654,500,000 평당가격 16,176,480 감정기관 신성안감정	감정 935,000,000 100% 935,000,000 유찰 2008.10.13 80% 748,000,000 유찰 2008.11.24 64% 598,400,000 낙찰 2009.01.12 633,370,000 (67.74%) 김병채 응찰 1명 허가 2009.01.19 납부 2009.03.02 ▶종국결과 배당 2009.03.27	▶법원임차조사 전입 2008.02.20 확정 2008.02.20 배당 2008.08.25 보증 2000만 점유 - 점유 08.2.19 ~ 10.2.19 •총보증금:20,000,000 임대수익률계산 ▶전입세대 직접열람 강** 2001.01.22 권** 2008.02.20 열람일 2008.09.29 ▶관리비체납내역 ·체납액:4,100,000 ·확인일자:2008.09.29 ·11개월(07/10~08/8) ·전기수도포함가스별도 ·	·집합건물등기 소유권 이 전 2000.12.29 전소유자: 매매(2000.12.04) 저 당 자산관리공사 2007.10.19 1,106,000,000 [말소기준권리] 저 당 2007.10.22 30,000,000 가압류 2007.11.09 58,329,930 저 당 신영섬유 2007.11.15 78,000,000 가압류 국민은행 (성수중기업금융) 2007.12.28 343,244,295

이 물건은 서울의 48평형 아파트로 감정가격이 9억 3,500만 원

이며 송파구의 역세권에 있다. 1,200미터 이내에 지하철 5호선과 8호선 전철역이 있어서 도보 10분 이내로 지하철을 이용할 수 있다. 낙찰받는다면 향후 투자 수익률이 계속 올라갈 물건이었다. 실제로 이 물건은 6억 3,300여만 원에 낙찰되었고, 현재 시세가 11억 원 정도로 약 4억 6,700여만 원의 매각 차익을 봤다.

이 물건에 대한 권리분석을 해보자. 저당권자 자산관리공사 (2007. 10. 19.)에서 대출해 준 이후 개인 저당권자를 비롯해 수많은 가압류등기가 되어 있다. 저당권자 자산관리공사를 포함해 모든 등기는 말소되어 문제없는 물건이다. 법원 조사에 따르면 임차인 권○○은 말소기준권리(저당권 자산관리공사 2007. 10. 19) 이후인 2008년 2월 20일에 전입을 해서 임차보증금 2천만 원을 배당받고 이사를 나가게 되므로 명도 부담도 없다.

다만 임차인 권○○이 아파트 관리비를 410만 원 체납한 점이 눈에 들어온다. 이런 경우 연체 관리비 납부를 요청하고, 관리비를 납부하면 그때 명도 확인서를 주면 되므로 연체 관리비도 문제가 되지 않는다.

이 물건의 투자금 내역과 예상 수익 내역은 다음과 같다.

투자금 내역

항목	세부내역	금액
순투자금액 (A)	낙찰가	633,370,000
	보증금	506,696,000
	소계	126,674,000

세 금(B)	취득세	12,667,400
기타 비용 (C)	이사비	–
	수리비	5,000,000

회수 금액(D)	보증금	

실투자금(A+B+C)	144,341,400

예상 수익 내역

항목	세부내역	금액
매매 차익 (E)	매도가 (예상가)	950,000,000
	낙찰가	633,370,000
	소계	316,630,000

세 금 (F)	양도세 (비과세)	122,819,400

세금 : 양도세율 38% 적용(양도 금액 1억 5,000만 원 초과 시) 및 기본 공제 250만 원(+)

예상 수익	193,810,600
예상 수익률(%)	134

05

4단계
명도

　명도는 낙찰받은 집을 점유하고 있는 사람을 내보냄으로써 부동산을 완전히 넘겨받는 절차를 말한다. 쉽게 말하면 점유자에게 집을 넘겨받는 것이다. 일단 명도를 하기 위해서는 점유자를 만나야 하는데, 이때 점유자가 협조하지 않거나 공격적으로 나오면 당황하게 된다.

　명도는 서류만 보고는 알 수 없는 경매의 중요한 과정 중 하나다. 또한 명도와 관련된 사례는 경매 물건의 수만큼이나 많다. 점유자도 제각각이니 쉽게 앞일을 예측할 수가 없다. 하지만 점유자도 사람이니 인지상정이 있지 않겠는가.

　일단 명도를 하기에 앞서 '역지사지'라는 말을 떠올려보자. 처지를 바꿔서 생각해 보는 것이다. 사람이라며 누구나 자기 재산을 잃으면 이성적으로 행동하기 힘들다. 이곳저곳에서 돈을 달라며 찾아오는 사람은 많고, 좋은 관계를 맺었던 사람들도 하나둘 떠난다. 이런 상태에서 낙찰자를 마주한다는 것은 심적으로 무척 고통스러운 일이다. 이 상황에서는 누구도 만나고 싶지 않을 것이다. 이런 사람들에게 법이 어떻다느니 강제집행을 하겠다고 말하면 어떻게 받아들이겠는가. 낙찰자들은 점유자의 처지를 차분하게 생각해 볼 필요가 있다.

부동산 경매 초보자들은 명도에 대한 두려움이 아주 크다. 하지만 점유자들이 더 큰 두려움에 떨며 살고 있다. 낙찰자는 명도를 어떻게 해야 하나, 큰 문제는 없을까 등을 고민하지만 거주자들은 어디로 이사를 가야 하나, 앞으로 어떻게 사나 등 더 본질적인 고민을 할 수밖에 없다. 그런 이유로 낙찰자의 두려움과 점유자의 두려움은 그 크기와 세기가 전혀 다르다. 하지만 명도가 두려워 경매를 포기할 필요도 없다.

처음 점유자를 만나면 이야기를 많이 들어주자. 첫 만남에서 성급하게 결론을 내면 안 된다. 명도는 일종의 협상이다. 내가 점유자들에게 상처를 주려는 목적으로 낙찰을 받은 것이 아니다. 나는 그저 수익을 내기 위해 입찰했고, 낙찰을 받아 명도를 하려는 것뿐이다. 이 점을 마음에 새기길 바란다.

앞에서도 이야기했지만 경매 과정에서는 조바심을 내려놔야 한다. 이는 명도에도 해당되는 사항이다. 설혹 협상이 틀어진다고 해도 6개월 안에는 해결되니 조급한 마음을 다잡자.

• 결국 명도는 낙찰자 편

부동산 경매 물건을 낙찰받은 뒤 주거용 건물에 대한 명도는 어떻게 해야 할까. 또한 점유자가 나가지 않을 때는 어떻게 처리해야 하는지 살펴보자. 경매에서 명도는 부담스러운 숙제와 같다. 명도를 말끔하게 해치워야 비로소 내 물건이 되기 때문이다.

먼저 부동산 경매에 입찰하기 전부터 권리분석을 하면서 해당 물건에 대한 활용 여부를 다각도로 검토해야 한다. 기존 임차인을 내보내기로 했다면 미리 만나서 이사 여부, 재계약 여부 등을 파악하고 의견 합치가 되도록 노력을 기울여야 한다. 즉, 이사를 내보내는 과정이 명도인데, 의견 합치가 안 되면 부득이 법적(인도명령 또는 명도소송) 절차를 밟아야 한다.

'민사집행법'에서는 인도명령의 대상자를 단순히 부동산 점유자로 규정하고 있기 때문에 압류(경매개시결정) 효력 발생 이전부터 점유한 자도 인도명령의 대상자이다. 이는 경매 부동산에 대한 명도를 쉽게 하기 위해 그 인도명령의 대상자를 확대한 것이다.

소액임차인이나 우선변제권이 있는 임차인이 배당금을 수령하려면 낙찰자의 명도확인서와 인감증명서가 필요하다. 이를 법원에 제출하지 않으면 배당금을 수령할 수 없다. 따라서 임차인의 입장에서는 낙찰자에게 협조(명도=이사)를 안 할 수가 없다. 결국 명도는 낙찰자 편이다. 하지만 이러니저러니 해도 서로를 위해 좋은 것은 원만한 합의다.

• 명도가 끝나야 비로소 내 집

명도가 낙찰자 편이라고 해도 이것만은 명심해야 한다. 명도가 계획대로 진행되지 않을 수 있으니 완전히 집이 비워지기 전까지 이사를 예약한다거나 임대 계약을 해서는 안 된다. 점유자가 이사를 가겠다고 굳게 약속하고도 번복하면 그 뒷감당은 온전히 낙찰자의 몫이다. 그러므로 점유자의 짐이 완전히 빠지고 난 뒤에 이사 일정을 잡거나 임대 계약 또는 집수리를 계획해야 한다.

간혹 서류상에는 이전 소유자가 거주하는 것으로 기재되어 있는데 실제로는 권리가 없는 사람(또는 보증금 없이 거주하는 사람)이 점유하고 있는 경우가 있다. 이런 경우 강제집행을 하려면 현재 점유하고 있는 사람을 상대로 부동산점유이전금지가처분과 인도명령을 추가로 해야 하는 번거로움이 있다.

보증금 없이 점유하는 사람이 있다면 주의해야 할 사항이 있다. 이 사람을 상대로 인도명령결정문 받아도 점유자가 바뀌면 그 사람을 상대로 또다시 인도명령을 신청해야 한다. 이때 점유자가 바뀔 수 없도록 하는 법적 조치가 있는데, 바로 부동산점유이전가처분이다. 아예 인도명령을 신청할 때 부동산점유이전금지가처분을 동시에 신청하자. 이 신청이 법원에서 받아들여지면 법원 집행관이 열쇠수리공과 함께 점유자의 집에 찾아가 잘 보이는 곳에 부동산점유이전금지가처분 결정문을 붙이고 나온다. 이 행위와 결정문은 점유자에게 심리적으로 큰 부담을 준다. 최후의 수단인 강제집행 전에 마지막으로 경고하는 것이다. 신청은 관할 법원의 담당 경매계에서 하면 된다.

다음은 부동산점유이전금지가처분 신청서의 예시이다.

• 낙찰자의 힘 '인도명령'

'민사집행법' 제136조(부동산의 인도명령 등) 제1항에 '법원은 매수인이 대금을 낸 뒤 6월 이내에 신청하면 채무자·소유자 또는 부동산 점유자에 대하여 부동산을 매수인에게 인도하도록 명할 수 있다. 다만 점유자가 매수인에게 대항할 수 있는 권원에 의하여 점유하고 있는 것으로 인정되는 경우에는 그러하지 아니하다'라고 규정해 인도명령의 필요성을 인정하고 있다. 공매에는 인도명령에 대한 법 적용이 없으니 참고하자.

매수인이 낙찰 잔금을 모두 치른 뒤 6개월 이내에 인도명령을 신청하면 법원은 채무자와 소유자 또는 부동산 점유자에게 부동산을 매수인에게 인도하도록 명할 수 있다. 상대방이 인도명령에 따르지 않으면 매수인은 집행관에 위임하여 인도를 집행할 수 있다. 이를 강제집행이라고 하는데, 집행될 때까지 시간이 있으니 마지막까지 거주자와 협의하는 것이 좋다.

그래도 협의가 안 되면 계고(일정한 기간 내에 행정상의 의무를 이행하지 않을 경우 강제집행을 한다는 내용을 문서로 알리는 일)를 하자. 이 계고장이 거주자에게 엄청난 압박감을 줘서 거주지를 떠나게 만든다.

명도는 끝날 때까지 끝난 게 아니라는 말이 있다. 생각지도 못한 상황이 얼마든지 벌어질 수도 있다. 점유자와 연락은 되지 않고 시간은 가차 없이 가버리면 어떻게 할지 난감하다.

만약의 사태를 대비해 경매 낙찰자는 낙찰 대금을 납부함과 동시에 관할 법원에 '부동산인도명령 신청서'를 제출하는 것이 좋다. 관할 법원에서 서면으로 즉시 심사해 특이 사항이 없으면 3~4일을 전후해 부동산인도명령결정문이 나온다. 이 결정문은 법원에서 낙찰자, 점유자 모두에게 발송하고, 목적 부동산의 점유자 또한 우편물을 수령함과 동시에 간접적인 압박 수단이 되면서 법 절차에 따라 퇴거당할 수도 있겠구나 하는 인식을 강하게 심어줄 수 있다. 일종의 압박 카드인 셈이다.

또한 부동산인도명령 신청서 접수와 동시에 부동산점유이전금지가처분 신청을 하면 점유자가 바뀌어 그 사람을 상대로 다시 인도명령을 신청해야 하는 번거로움을 없앨 수 있다. 이때 부동산점유이전금지가처분 신청을 하면 특별한 경우가 아닌 한 법원에서는 가처분을 인용하는 결정문과 함께 담보제공명령을 내린다. 담보제공명령은 채권자(신청하는 측=낙찰자)에게 담보를 제공하라는 명령이다. 담보란 현금으로 법원에 공탁하거나, 보증보험회사와 지급보증위탁계약을 맺은 문서를 제출하는 방법으로 할 수 있다.

법원에서 담보제공명령을 하는 이유는 부동산점유이전금지가처분 신청이 신청자(낙찰자 또는 채권자) 측의 주장과 서면만으로 법원에서 결정하기 때문에 신청자가 거짓된 사실관계를 기재하여 가처분 결정을 받아낼 수도 있기 때문이다. 이런 경우 피신청인 또는 채무자, 점유자는 예상치 못한 손해를 입게 되는데, 이런 피해를 담보하기 위해 담보제공명령을 내리는 것이다. 신청인(채권자)이 허위 사실로 가처분 결정을 받아 채무자 혹은 점유자의 권리가 침해되고 손해가 발생했다면 채무자(점유자)는 손해를 청구할 수 있다. 이때 채무자는 채권자가 법원의 명령에 따라 해둔 담보에 대해 손해배상청구를 할 수 있다. 채권자의 담보제공은 채무자가 손해를 쉽게 회복할 수 있는 방법이다.

이와 같이 법원을 통해 점유자가 부동산인도명령결정문을 수령했음에도 퇴거하지 않는다면(인도명령 절차를 진행하는 것과는 별도로 협상을 꾸준히 해야 한다) 낙찰자 입장에서는 마지막 방법인 강제집행을 신청할 수밖에 없다.

• 낙찰자 최후의 수단 '강제집행'

낙찰자가 점유자를 상대로 끊임없이 설득하고 협상했는데도 집을 비워주지 않는다면 법원의 힘을 빌려서 강제집행을 할 수 있다. 강제집행 시 필요한 서류는 부동산인도명령결정문, 집행문, 송달증명원(관할 법원의 담당 경매계에 송달증명원 신청서를 제출한 후 발급), 강제집행신청서이다.

법원에 강제집행신청서 등을 제출하면 집행비용예납안내접수증을 발급해 주는데 보통 20~30만 원 정도를 납부한다. 집행비용의 예납이 마무리되면 집행관의 일정에 따라 차이가 있지만 보통 일주일을 전후로 목적 부동산에 집행관 및 집행계장, 열쇠수리공, 낙찰자 및 입회인(성인 2인)이 참석하여 점유자가 폐문 부재중이거나 문을 열어주지 않을 때 강제로 문을 열고 들어간다. 이때 집행 관은 점유자의 집이 맞는지 확인하고(우편물 및 각종 공과금 청구서 등을 확인) 부동산인도 강제집행 예고장을 잘 보이는 곳에 붙이고 철수한다.

강제집행 예고장은 '점유자 ○○○는 2018년 10월 20일까지 부동산 인도를 하여야 한다. 인도하지 않을 경우 예고 없이 강제집행을 실시하고 그 비용을 부담하게 된다'라는 내용으로 표기되어 있다.

법원은 채권자에게 전화를 해서 강제집행을 할 것인지 의사를 물어본다. 강제집행을 해야 하는 상황이라면 날짜를 지정해서 목적 부동산에 정해진 시간에 방문하여(집행관, 계장, 열쇠수리공, 채권자 및 입회인 2인) 개문(강제로 문을 연다)하고 강제집행 절차를 진행하고 모든 가전제품 등의 짐을 빼내서 별도의 장소에 보관해야 한다(용달차를 빌리는 비용 및 보관 장소 비용 등의 추가 비용이 발생한다).

점유자가 이사를 하지 않을 경우를 대비해 강제집행 절차 및 비용 등을 언급했으나 대부분 강제집행까지 오지 않고 이사비 등을 조절한 다음 나가는 경우가 많다.

낙찰자 입장에서는 어떤 상황이 벌어질지 모르니 앞에서 소개한 절차를 숙지하고 현장에서 진행해야 적절한 협상력을 통한 명도를 할 수 있다. 법률 절차를 충분히 숙지하고 강제집행을 진행해도 늦지 않다.

강제집행신청서와 명도에 필요한 서식을 참고해 필요할 때 바로 쓸 수 있도록 하자.

• 이사 비용, 어떻게 할 것인가

이사 비용은 법적으로 강제 조항이 있는 것은 아니고 관례상 주는 것이다. 보통 전용면적 기준으로 1평에 8~10만 원 정도로 책정한다. 이사 비용 문제로 거주자와 갈등이 생겨 명도에 애를 먹는다. 가뜩이나 바쁘고 신경 쓸 것이 많은 직장인에게 명도가 발목을 잡는다면, 명도 때문에 집수리가 늦어져 이사 철을 넘긴다면(한여름이나 한겨울이라면) 정신적으로는 물론 금전적으로도 피해가 클 것이다. 일정 정도의 이사 비용을 염두에 두고 입찰금에 이사 비용 항목을 넣어두는 것은 어떨까. 명도는 결국 낙찰자 편이지만 그렇게 되기까지는 내 시간과 에너지를 쓸 수밖에 없다.

부동산점유이전금지가처분신청

채 권 자   홍 길 동
            서울특별시 강남구 언주로   , 3층 (논현동, 빌딩)
            연락처 :
채 무 자   나 채 무
            서울특별시 광진구

목적물의 표시   별지목록 기재와 같음
목적물의 가격   금 500,000,000 원
피보전권리의 요지   건물명도청구권

신 청 취 지

1. 채무자는 별지목록 기재 부동산에 대한 점유를 풀고 채권자가 위임하는 집행
관에게 인도하여야 한다.
2. 위 집행관은 현상을 변경하지 아니하는 것을 조건으로 하여 채무자에게 이를
사용하게 하여야 한다.
3. 채무자는 그 점유를 타인에게 이전하거나 또는 점유명의를 변경하여서는 안 된다.
4. 집행관은 위 명령의 취지를 적당한 방법으로 공시하여야 한다.
라는 재판을 구합니다.

신청이유

1. 채권자는 별지목록 기재 부동산 경매사건 서울중앙지방법원 2014
   타경 12345호 부동산담보 실행을 위한 경매사건에 매수 신청하여 금
   500,000,000원에 매수한 뒤, 2015. 11. 17 매각 대금을 모두 납입함으
   로써 별지목록 기재 부동산의 소유권을 취득하였습니다.

2. 채무자는 2012. 11. 15에 전입하여 말소기준권리 설정일인 2012. 10. 15보다 늦게 전입을 마쳤기 때문에 위 경매로 인하여 그 권리가 모두 소멸하였으므로 채무자는 별지목록 기재 부동산을 점유할 권리나 권한인 없는데도 채권자의 명도청구에 응하지 않고 있습니다.

3. 따라서 채권자는 채무자를 상대로 귀원에 건물명도 등 청구이의 소를 제기하려고 준비 중에 있으나 위 판결 이전에 채무자가 점유명의를 변경한다면 채권자가 나중에 위 본안 소송에서 승소 판결을 받더라도 집행 불능이 되므로 이의 집행보전을 위하여 이 사건 신청에 이른 것입니다.

4. 한편 이 사건 부동산 점유이전금지가처분명령의 손해담보에 대한 담보제공은 민사집행법 제19조 제3항, 민사소송법 122조에 의하여 보증보험주식회사와 지급보증위탁계약을 맺은 문서를 제출하는 방법으로 담보 제공을 할 수 있도록 허가하여 주시기 바랍니다.

소명방법

1. 소갑 제1호증   매각대금완납증명원
1. 소갑 제2호증   부동산의 표시
1. 소갑 제3호증   부동산등기부등본

첨부서류

1. 위 소명방법   각 1통
1. 건축물대장등본   1통
1. 토지대장등본   1통
1. 전입세대열람서   1통
1. 송달료납부서   1통

2018. 11. 20

위 채권자 홍 길 동 (서명 또는 날인)

서울중앙지방법원 귀중

부동산인도명령 신청

사건번호
신청인(매수인)
　　○시　○구　○동　○번지
피신청인(임차인)
　　○시　○구　○동　○번지

　　위 사건에 관하여 매수인은　　.　.　　.에 낙찰대금을 완납한 후 채무자(소유자, 부동산 점유자)에게 별지 매수 부동산의 인도를 청구하였으나 채무자가 불응하고 있으므로, 귀원 소속 집행관으로 하여금 채무자의 위 부동산에 대한 점유를 풀고 이를 매수인에게 인도하도록 하는 명령을 발령하여 주시기 바랍니다.

　　　　　　　　　　년　　　　월　　　　일

　　　　　　매 수 인　　　　　　　　　　(인)
　　　　　　　연락처(☎)

　　　　　지방법원　　　　　　　귀중

☞유의사항
1) 낙찰인은 대금 완납 후 6개월 내에 채무자, 소유자 또는 부동산 점유자에 대하여 부동산을 매수인에게 인도할 것을 법원에 신청할 수 있습니다.
2) 신청서에는 1,000원의 인지를 붙이고 1통을 집행법원에 제출하며 인도명령정본 송달료(2회분)를 납부하셔야 합니다.

강 제 집 행 신 청 서

○○지방법원 ○○지원 집행관사무소 집행관 귀하

채권자	성 명		주민등록번호 (사업자등록번호)		전화번호	
					우편번호	□□□-□□□
	주 소					
	대리인	성명 (　　　　　　)		전화번호		

채무자	성 명 (회사명)		주민등록번호1) (법인등록번호 및 사업자등록번호)		전화번호	
					우편번호	□□□-□□□
	주 소					

집행목적물 소재지	□ 채무자의 주소지와 같음
	□ 채무자의 주소지와 다른 경우 소재지 :

집 행 권 원	
청 구 금 액	원(내역은 뒷면과 같음)

위 집행권원에 기한 집행을 하여 주시기 바랍니다.

※ 첨부서류

1. 집행권원 1통　　　　　　　　　20 . . .
2. 송달증명서 1통　　　　　　　　채권자　　　　　　(인)
3. 위임장 1통　　　　　　　　　　　　　　　　　(인)

※ 특약사항

1. 본인이 수령할 예납금 잔액을 본인의 비용부담
하에 오른쪽에 표시한 예금계좌에 입금하여 주
실 것을 신청합니다.
　　　채권자　　　　　　(인)

예금계좌	개설은행	
	예 금 주	
	계좌번호	

2. 집행관이 계산한 수수료 기타 비용의 예납통지 또는 강제집행 속행의사 유무 확인 촉구를 2
회 이상 받고도 채권자가 상당한 기간 내에 그 예납 또는 속행의 의사 표시를 하지 아니한
때에는 본 건 강제집행 위임을 취하한 것으로 보고 완결처분해도 이의 없음.
　　　　　　　　　　　　　　채권자　　　　　　(인)

* 굵은 선으로 표시된 부분은 반드시 기재하여야 합니다.(금전채권의 경우 청구금액 포함)

* 1) 주민등록번호가 없는 재외국민과 외국인의 경우 부동산등기법 제49조제1항제2호 또는
　　 제4호에 따라 부여받은 부동산등기용등록번호를 기재합니다.

법적 수속 착수 예정 통지서

내용증명

○ 사 건 번 호 : 2018타경 12345호 부동산 임의경매
○ 소 유 자 : 신 동 휴
○ 부동산 표시 : 서울시 강남구 도곡동 460-0 ○○○아파트 3동 1007호
○ 수 신 인 : 박 ○ ○ 귀하
　　　　　 서울시 강남구 도곡동 460-0 ○○○아파트 3동 1007호
　　　　　 귀하의 무궁한 발전을 기원합니다.

　1. 본인(발신인)은 위 사건과 관련한 부동산을 낙찰받고 지난 2018년 08월 01일 관할 법원에 낙찰 대금을 납부하고 소유권 이전을 취득한 사람이며, 귀하는 본인에게 위 부동산을 인도하여 주어야 하는 명도 대상자임을 알려드립니다.

　2. 또한 귀하와의 수차례 면담을 통해 명도에 관한 고지를 하였음에도 불구하고 명도를 하지 아니하는 등 부득이 선의적인 해결 의사가 없는 것으로 판단할 것이며, 귀하는 본인 부동산에 불법으로 무단점유 및 거주를 하고 있기에, 이는 민법 제213조(소유물반환청구권), 제214조(소유물방해제거)에 의거 그에 대한 월세 및 각종 비용(법적착수)을 청구할 예정이오니 이 점 깊이 양해하여 주시기 바랍니다.

　3. 따라서 본인은 귀하께 오는 2018년 9월 30일까지 위 부동산을 본인에게 인도하여 줄 것을 강력하게 요청하는 바입니다. 만약 명도 및 명도에 따른 협조를 하지 않을 경우 제2항에 의거, 귀하께 부동산 인도명령을 통한 강제집행을 진행할 예정입니다.

　4. 위의 기간 내에 부동산을 인도하여 주지 않을 경우 잔금 납부일부터 인도일까지의 기간에 해당하는 금액에 대해 배당금에 채권 가압류 조치를 할 예정으로 귀하로 인하여 발생한 각종 법적 수속 비용은 귀하의 부담임을 숙지하시기 바랍니다.

　5. 조속한 시일 내에 원만히 해결되기를 바라며 원만한 해결을 원할 시 본인에게 연락하여 주시기 바랍니다.

2018년 08월 03일

발신인 :
주 소 :
연락처 : 010-0000-0000

법적 수속 착수 예정 통지서

내용증명

제 목 : 부동산 강제집행 예정 통지서

▢ 수 신 인 : 박ㅇㅇ 귀하
　　　　　　서울시 강남구 도곡동 460-0 ㅇㅇ아파트 3동 1007호

▢ 부동산 표시 : 서울시 강남구 도곡동 460-0 ㅇㅇ아파트 3동 1007호
1. 본인은 상기 부동산을 서울중앙지방법원 2018타경 1345호 부동산 임의 경매 사건에 있어서 낙찰을 받은 신ㅇㅇ입니다.
　2. 향후 상기 부동산에 대한 명도에 따른 절차를 아래와 같이 진행하고자 하오니 이 점 참고하시길 바랍니다.

－아　　　래－

1.부동산 인도명령 및 강제집행비용 청구
　1) 귀하(수신인)께서 건물의 인도를 하지 않을 경우 본인은 귀하를 상대로 서울중앙지방법원에 부동산인도명령을 신청, 인도명령이 결정되는 대로 집행관사무소에 부동산 강제집행을 신청하여 부동산 명도를 진행할 예정입니다.
　2) 만일 건물의 미인도 시 부동산인도명령에 따른 법적 수속 비용(소송 비용, 강제집행 비용, 노무 비용, 창고보관료 등)은 귀하가 부담하게 될 것입니다.
　2. 부당이득금 반환청구
　1) 본인의 낙찰 대금 납부일로부터 상기 부동산을 명도하는 시점까지 매월 금 400,000원(전세금의 1%로 보증금 없는 월 임대료)에 해당되는 금액을 청구하는 민법 제741조(부당이득의 내용) 부당이금 반환청구 및 청구소송을 제기할 예정이며, 위 판결이 확정되는 즉시 귀하의 재산에 압류조치 및 해당 금액의 변제 시까지 연 15%의 지연손해금을 변제하여야 할 것입니다.
　3. 따라서 귀하께서 법원에 소액보증금을 배당받으려면 낙찰자의 명도확인서가 필요하며, 본인은 귀하가 이사를 한 이후에 명도확인서를 교부할 예정이오니 이러한 점들을 감안하시기 바랍니다. 만일 본 내용증명 수령 후 아무런 연락 및 명도가 이루어지지 않을 경우 위에서 언급한 모든 법적 절차를 진행할 예정이오니 부득이 불필요한 비용 발생 등 불이익이 없으시길 바랍니다.

2018년 08월 03일
발신인 :
주 소 :
연락처 : 010-0000-0000

명도(퇴거 사실등)합의서

☐ 사건번호 : 2018타경 12345 임의경매
☐ 채 권 자 : 신 동 휴
☐ 채 무 자 : 이 완 용
☐ 낙찰자(소유자) :　　　　　(인) (　　 －　　)
　　　주　소 :
☐ 임차인(점유자) :　　　　　(인) (　　 －　　)
　　　주　소 :

　1. 위 사건과 관련하여 임차인 겸 점유자(성명 :　　　　)는 낙
찰자(소유자)에게 다음과 같이 약속하고 그 내용을 이행할 것을
합의합니다.

－ 다　　 음 －

1) 위 사건에 대하여 임차인(점유자)은 2018년 8월 15일까지 사
　용 점유하고 있는 『서울 00구 00동 000-00.201동 101호』,
　소재 부동산을 낙찰자에게 명도한다.
2) 낙찰자는 임차인에게 상기 사용·점유하고 있는 이 건 아파트
　를 명도한(모든 짐을 뺀 다음) 이후 집에 대한 열쇠를 넘겨주
　면 이후에 이사비 금100만 원을 지급하기로 한다.
　(단, 체납관리비는 임차인(점유자)이 모두 정리하기로 한다)
3) 만약 임차인(점유자)가 제1)항의 명도기일까지 명도를 거절할
　경우 제2항의 이사비지급약정은 무효로 하고, 임차인은 낙찰
　자 겸 소유자가 이 건 아파트에 대한 잔대금 납부한 날로부터
　명도하는 날까지 1할 계산하여(매월 500만 원 한도), 점유에
　따른 부당이득금을 지급하기로 한다.

붙임 : (임차인) 인감증명서 1부. 끝.
　　　　　2018. 8. 19.
　　　　　　　　임차인(점유자) :　　　　　(인)

　　　　　　　　　(연락처:　　　　　)

명 도 확 인 서

□ 사건번호 : 2018타경 12345 임의경매
□ 채 권 자 : 신 동 휴
□ 채 무 자 : 이 완 용

□ 임 차 인 :

□ 주   소 :

위 사건과 관련하여 위 임차인은 임차보증금에 따른 배당금을 받기

위해 매수인에게 목적 부동산을 명도하였음을 확인합니다.

첨부서류 : 매수인 명도확인용 인감증명서 1통

2018년 08월 15일

매수인(낙찰자) : 신 동 휴 (인)

연락처(☎)

지방법원 귀중

☞유의사항
1) 주소는 경매기록에 기재된 주소와 같아야 하며, 이는 주민등록상 주소여야
   합니다.
2) 임차인이 배당금을 찾기 전에 이사를 하기 어려운 실정이므로, 매수인과 임
   차인 간에 이사 날짜를 미리 정하고 이를 신뢰할 수 있다면 임차인이 이사하
   기 전에 매수인은 명도확인서를 작성해 줄 수도 있습니다.

06

5단계
임대사업자 되는 법

'조물주 위에 건물주'라는 말이 있다. 직장인에게 건물주는 그야말로 꿈의 단어지만, 경매를 잘한다면 이룰 수 있는 꿈이 된다. 부동산 경매를 통해 내 소유의 물건이 하나둘 늘어나고 그 물건으로 돈을 벌고자 한다면 주먹구구식이 아닌 그 물건(부동산)을 잘 관리하고 운영할 수 있어야 한다. 그러기 위해서는 경영인 마인드가 필요하다. 지금부터 임대사업자가 되는 법을 알아보자.

• 임대사업자가 되는 법

자신이 보유한 주택이 많으면 재산세와 종합부동산세가 늘어난다. 부동산 경매로 꾸준히 경매 물건을 낙찰받는 투자자라면 임대사업자로 등록해야 할지 고민하게 된다. 현행법상 임대사업자 등록은 강제 사항이 아니어서 등록을 해도 되고 안 해도 된다.

임대사업자로 등록하는 방법은 간단하다. 그동안 임대사업자는 자신의 주민등록 주소지에서만 신청할 수 있었는데 이제는 임대주택 주소지에서도 가능하다. 또한 지난 4월부터 세무서에 별도로 방문하지 않아도 지자체에서 관할 세무서로 신청서가 자동 이송돼 더욱 간편하다.

주택임대사업자로 등록하면 취득세, 재산세 감면, 종합부동산세 합산 대상에서 제외 등 세금 혜택이 주어진다. 주택임대사업자는 양도세 중과 적용을 받지 않고, 장기보유특별공제 배제 대상에서도 제외된다. 일정 기간 주택을 의무적으로 보유해야 하는데 취득세와 재산세는 4년, 종합부동산세와 양도세는 5년의 보유 기간을 채워야 세제 혜택을 받을 수 있다. 자신의 부동산을 5년 이상 장기 보유할 생각이라면 종합부동산세 세제 혜택과 재산세 감면 혜택이 있는 임대사업자로 등록하는 것이 좋다.

정부의 부동산 정책에 따라 임대사업을 규제하거나 제한하는 등 여러 조치가 시행될 수 있으니 사전에 충분히 검토해야 한다. 국토교통부와 지자체 담당 부서에 임대사업과 관련된 궁금증을 문의하는 것이 가장 확실한 방법이다.

직장인으로 임대사업자가 되어 다달이 월세를 받고 싶다면 임대수익률을 잘 따져봐야 한다. 예를 들어 총 매입 비용 1억 원인 빌라를 보증금 1천만 원에 월세 40만 원을 받기로 하고 임대차 계약을 했다. 이 빌라의 실제 투자금은 9천만 원(매입 비용 1억 원-보증금 1천만 원)이고, 연간 전체 월세 금액은 480만 원이다. 1년 수익률은 연간 월세 금액(480만 원)÷실제 투자금액(9,000만 원)×100=5.3%다. 은행금리에 비해 높은 수익률이다.

• 임대든 매매든 호감 가는 물건을 만들어야 한다

부동산 경매로 재테크를 하려면 부동산중개인, 인테리어업자 등을 고용하는 등 사업을 주체적으로 이끌어가는 리더가 되어야 한다. 경매에서 낙찰받은 부동산에 자신이 입주할 것이 아니라면 새롭게 단장하거나 리모델링을 해야 임대를 놓거나 매각할 수 있다. 이런 경우에는 인테리어업자, 부동산중개인 등에게 일을 맡겨야 한다. 직장인이라도 임대업자의 마인드, 자기 회사라는 마음가짐으로 전체 계획을 세우고 일을 진행해야 한다.

집을 낙찰받고 명도 협상 중이라면 그 집의 상태를 꼼꼼하게 확인하자. 깔끔하게 청소만 해도 되는 집이 있고, 도배와 장판을 교체하거나 집 전체를 수리해야 하는 경우도 있다. 직접 현장에 가서 집 안을 볼 수 있으면 청소 비용이나 수리 비용을 대략 짐작할 수 있을 것이다. 집 안을 볼 수 없다면 이웃 주민에게 그 집에 문제(물이 새지는 않는지 등)가 있는지를 확인하자.

낙찰받은 집 청소는 내가 하자. 나는 이제 임대사업의 세계에 뛰어든 새내기이다. 임대사업을 잘하고 싶다면 임대할 집에 대해 잘 알고 있어야 한다. 내 손으로 청소를 하다 보면 그 집에 대해 잘 알게 된다. 내 손으로 락스와 세제를 풀어 집 안 곳곳을 청소하다 보면 자잘한 문제가 보일 것이다. 그 자잘한 문제를 말끔하게 해결하면 그 집은 자연히 깨끗해질 것이다.

조명도 바꾸자. 조명을 환하게 바꾸면 집이 더 넓어 보이고 더 깨끗해 보인다. 이왕이면 LED 조명으로 바꾸고, 콘센트와 전등 스위치도 함께 바꾸자. 교체할 때는 한꺼번에 하는 것이 비용을 아낄 수 있다.

• 임대사업자를 괴롭히는 것들

집이 지저분하면 깨끗이 청소하면 되고, 시설이 오래되어 낡았다면 새로 교체하면 된다. 이 정도는 임대사업자를 괴롭히는 축에도 못 든다. 사계절 가운데 임대사업자를 괴롭히는 계절은 바로 여름과 겨울이다. 여름에는 집중호우와 습기가 괴롭히고, 겨울에는 동파가 괴롭힌다. 이 문제가 터지면 임대사업자는 어마어마한 스트레스를 감당해야 한다. 장마철 습한 날씨로 인해 곰팡이가 피거나, 겨울철에 동파로 보일러나 수도가 얼면 생각지도 못한 비용과 시간이 소비된다. 곰팡이는 도배로 흔적을 감출 수는 있지만 냄새는 사라지지 않는다. 천장에서 누수가 생기면 공사를 하는 데 상당히 애를 먹는다. 이 문제로 이웃 간에 다툼이 벌어지기도 한다.

이런 이유로 임장을 나갈 때 그 집의 상태를 최대한 파악해야 한다. 관리사무소, 이웃 주민, 부동산중개업소 등을 방문해서 물어보자. 내 돈 들여서 내가 투자하는 집이다. 낙찰로 가는 한 단계 한 단계가 모두 중요하므로 신중하게 행동해야 한다.

다행히 입찰 전에 하자를 발견했다면 하자 보수의 정도에 따라

수리비를 감안해서 입찰가에 반영하고, 심한 경우 입찰을 포기할 수도 있다. 아무런 하자가 없었다고 해서 방심하지 말자. 강추위나 폭우에 의해 하자가 발생하기도 하니 잘 관리한다. 특히 장기간 공실인 경우에는 특히 더 신경 써야 한다.

입찰 전 꼭 알아야 할 임대차보호법

'주택임대차보호법'은 주거용 건물의 임대차(賃貸借)에 관하여 「민법」에 대한 특례를 규정함으로써 국민 주거 생활의 안정을 보장함을 목적으로 한다. 민법상의 계약은 계약 자유의 원칙이 지배하지만, '주택임대차보호법'은 사회적, 경제적 약자인 임차인을 강자인 임대인에게서 보호하려는 사회보장법적 성격을 담고 있는 강행규정으로, "이 법에 위반된 약정으로서 임차인에게 불리한 내용은 그 효력이 없다"(같은 법 제10조).

주택 임대차 계약 시 상대적 약자인 임차인을 보호하기 위해 제정한 법이라고 해서 임차인만 알아야 하는 것은 아니다. 경매에 참가할 때도 '주택임대차보호법'을 미리 숙지하고 있어야 한다. 경매를 통해 부동산을 낙찰받을 때 임차인의 보증금을 떠안아야 하는 경우도 있기 때문이다. 이 법은 모두 31조와 부칙으로 구성되어 여느 법에 비해 짧지만 경매에서 권리분석을 하는 데 있어서 상당히 중요한 조항이 많다. 더구나 경매 관련 책에서 소개하는 임차인 관련 내용은 모두 이 법에 명시되어 있으므로 법률 전체를 읽고 이해하기를 권한다.

여기서는 법이 보장한 핵심 권리 세 가지를 살펴본다. 대항력, 우선변제권고 최우선변제권, 임차권등기명령이다.

1. 대항력: 이사와 전입신고로 성립

'대항력'의 사전적 의미는 '민법에서 이미 유효하게 이루어진 권리관계를 제삼자가 인정하지 않을 때 이를 물리칠 수 있는 법률에서의 권리와 능력'이다.

> '주택임대차보호법'
> 제3조(대항력 등) ① 임대차는 그 등기(登記)가 없는 경우에도 임차인(賃借人)이 주택의 인도(引渡)와 주민등록을 마친 때에는 그 다음 날부터 제삼자에 대하여 효력이 생긴다. 이 경우 전입신고를 한 때에 주민등록이 된 것으로 본다.

이 조항에서 '제삼자에 대하여 효력이 생긴다'는 것은 임차한 주택을 계약 당시의 집주인이 다른 사람에게 넘기거나 팔아버린 이유 등으로 집주인이 바뀌어도 임차인은 계약 기간이 끝날 때까지 계속 살 권리가 있다는 뜻이다. 다시 말해 임차보증금 전액을 반환받을 때까지 임차인이 새로운 매수인에게 집을 비워줄 필요가 없음을 의미한다. 즉, 자신이 대항력 있는 임차인으로 법원에서 보증금 전액을 받지 못했다면 낙찰자가 보증금을 전액 갚을 때까지 임차인은 그 집을 비워주지 않아도 된다.

그런데 여기에 단서가 있으니 바로 '주택의 인도와 주민등록을 마친 때에는 그다음 날부터'이다. 임차인은 임차한 집으로 이사하고 전입신고를 해야 대항력을 갖게 되는데, 그 시점이 당일이 아니라 그다음 날인 것이다. 2018년 8월 1일에 전입신고하고 2018년 7월 31일에 점유(주택의 인도)하였다면 대항력을 갖는 시점은 8월 2일 0시가 된다. 이때 이사와 전입신고를 '대항요건'이라고 한다. 이사를 해도 전입신고를 하지 않으면 대항력이 생기지 않는다.

전입신고를 할 때는 해당 부동산의 등기사항증명서를 발급받아서 지번, 동, 호수 등을 반드시 확인하고 틀림이 없도록 해야 한다. 아파트, 오피스텔, 연립주택, 다세대주택 등 공동주택의 경우 동, 호수를 다르게 쓰거나 생략하면 대항요건을 갖추지 못한 것으로 간주되어 보호받지 못한다. 신축 주택의 경우 입주할 당시에 준공검사가 완료되지 않아 건물등기부가 아직 없을 수도 있다. 이때는 전입신고를 하되, 건물등기부가 생기면 등기사항증명서를 발급받아서 주민등록지와 등기부상 주소, 동, 호수가 맞는지 나중에라도 꼭 확인해야 한다.

이렇게 대항력을 갖춰도 임차인이 주민등록을 잠시라도 다른 곳으로 옮기면 해당 주택에 대한 대항력이 사라진다. 다시 전입신고를 한 경우 대항력이 새로 생기는 것이지, 이전의 대항력이 살아나는 것은 아니다. 대항력 있고 없고를 따질 때는 별 문제가 아니지만, 경매에서는 임차인이 대항력을 갖게 된 시점이 언제냐에 따라 임차보증금 보전액이 달라질 수 있고 낙찰자의 비용 부담이 달라지므로 아주 중요한 문제이다. 예컨대 임차인이 처음 이사해서 대항력을 갖춘 다음에 임차 주택에 근저당이 설정되었다면 임차인의 새로운 대항력은 근저당권보다 순위가 밀려서 주택이 경매에 부쳐지면 임차보증금을 온전히 보존할 수 없다.

그렇다면 임차인이 이사를 하고 전입신고를 하면 완전히 보호받을까? 그렇지 않은 경우가 있으니, 임차한 주택이 경매나 공매에 부쳐졌을 때이다. 이때는 대항력만 있다고 해서 임차보증금이 보존되는 것이 아니다. 우선변제권이 있어야 하고, 우선변제권이 있다 해도 경우에 따라서는 일부만 보존할 수 있다.

2. 우선변제권: 대항력과 확정일자가 모두 있어야 한다

우선변제권은 임차주택이 경매나 공매에 부쳐진 경우에, 낙찰가(환가 대금)에서 임차인이 다른 채권자보다 우선하여 보증금을 변제받을 수 있는 권리이다. 우선변제권을 가지려면 무엇보다 대항요건을 갖추고 유지해야 한다.

뒤에서 자세히 살펴볼 텐데, 경매는 해당 부동산에 대해 경매 신청서가 법원에 접수되면 법원에서 경매 개시 여부를 결정하는 데서 시작하여 낙찰자가 낸 매각 대금을 채권자에게 배당하는 것으로 끝난다. 법원에서는 매각 대금을 채권자에게 배당하기 전에 배당요구 종기(법률 행위의 효력이 소멸하는 기한)일을 정해서 이를 통지하는데 그 기간 안에 임차인은 배당요구를 해야 권리를 행사할 수 있을 뿐 아니라 배당요구 종기일까지는 대항요건을 유지해야 한다. 즉, 그 집에 살고 있어야 한다는 뜻이다. 경매가 진행되는 과정에서 이사를 하면 대항력은 사라진다. 그러므로 자기가 살고 있는 집이 경매에 넘어갈 경우 법원에서 사람이 찾아오고 우편물이 날아와 마음이 심란하다고 해서 이사를 가면 안 된다. 또 배당요구 종기일이 변경될 수도 있으니 보증금 반환이 확정되기까지는 계속 그 집에 살아야 한다. 배당요구 종기일 이전에 부득이하게 이사해야 한다면 임차권 등기명령을 해야 한다.

그런데 대항요건을 갖춘 것과 우선변제권은 좀 다른 문제이다.

'주택임대차보호법'

제3조의 2(보증금의 회수)

② 제3조 제1항 · 제2항 또는 제3항의 대항요건(對抗要件)과 임대
차 계약증서(제3조 제2항 및 제3항의 경우에는 법인과 임대인 사이
의 임대차 계약증서를 말한다)상의 확정일자(確定日字)를 갖춘 임
차인은 '민사집행법'에 따른 경매 또는 「국세징수법」에 따른 공
매(公賣)를 할 때에 임차주택(대지를 포함한다)의 환가대금(換價
代金)에서 후순위권리자(後順位權利者)나 그 밖의 채권자보다 우
선하여 보증금을 변제(辨濟)받을 권리가 있다.

③ 임차인은 임차주택을 양수인에게 인도하지 아니하면 제2항
에 따른 보증금을 받을 수 없다.

이 조항에서 '우선하여 보증금을 변제받을 권리'는 '대항요건과 임대
차 계약증서상의 확정일자를 갖춘 임차인'에게 있다고 했다. 우선변제권
은 임차인이 대항요건을 갖추고 또 확정일자를 받아야 그 효력이 발생한
다. 대항요건을 갖추지 않고 확정일자만 갖춘 경우에도 우선변제권은 성
립하지 않는다.

확정일자 부여는 흔히 동주민센터에서 신청하는데, 등기소에서 하거
나 대법원인터넷등기소 홈페이지에서 할 수도 있다. 이러한 방법 모두 법
에 근거하니 참고하자(「주택임대차 계약증서상의 확정일자 부여 및 임대차 정보
제공에 관한 규칙」 제1조~제4조).

주택을 임차해 살다가 애초에 계약한 기간이 만료되면 이사를 가거나

집주인과 협의해서 그 집에 계속 산다. 이때 대개는 보증금이 인상되는데, 이 경우에 보증금을 증액한 사실에 대해 확정일자를 다시 받아야 증액한 보증금을 보존할 수 있다.

전입신고를 한 날짜와 확정일자를 받은 날짜가 다를 경우 우선변제권은 더 늦은 날짜를 기준으로 성립한다는 점도 주의하자.

법 조항에서 놓치지 말아야 할 것이 있으니, "후순위권리자나 그 밖의 채권자보다 우선하여"라는 문구이다. 여기서 순위는 등기를 한 날짜로서 부동산등기부의 표시번호가 그 순서를 나타낸다. 임차인이 우선변제권을 갖춘 날짜 이후에 설정된 등기의 등기권자가 후순위권리자이다.

우선변제권을 갖추기 이전의 등기권자, 그러니까 임차인보다 순위가 앞서는 선순위권리자가 있다면 어떻게 될까? 그렇다면 임차인은 대항력 없는 후순위 세입자이며 보증금 전액에 대하여 보전을 못 받을 수 있다.

'주택임대차보호법'

제3조의 5(경매에 의한 임차권의 소멸) 임차권은 임차주택에 대하여 '민사집행법'에 따른 경매가 행하여진 경우에는 그 임차주택의 경락(競落)에 따라 소멸한다. 다만, 보증금이 모두 변제되지 아니한, 대항력이 있는 임차권은 그러하지 아니하다.

경락이란 경매에 의해 동산 또는 부동산의 소유권을 취득하는 것을 뜻한다. 이 조항에 따르면 임차 주택에 대해 경매가 진행되어 해당 주택의 소유권이 다른 사람에게로 넘어가면 원칙적으로 임차권은 소멸한다. 다만, '대항력 있는 임차권', 즉 임차인보다 순위가 먼저인 권리자가 없어

서 임차권 순위가 가장 앞설 때, 그러니까 임차인이 선순위권리자일 때만 보증금을 보전할 수 있는 것이다. "보증금이 모두 변제되지 아니한, 대항력이 있는 임차권은 그러하지 아니하다"는 말을 뒤집으면 대항력 있는 임차권은 보증금을 모두 변제받아야 소멸한다는 뜻이다. 이 경우 환가대금에서 보증금의 일부만 분배받았다면 나머지를 경매를 통한 주택 매수인에게 따로 받을 수 있다. 따라서 이러한 부동산 경매에 입찰하려는 사람은 주택을 낙찰받은 뒤에 보증금을 전부 또는 일부를 떠안을 수 있다는 점을 고려해서 입찰가를 정해야 한다. 그러지 않으면 생각지도 못한 큰돈이 나갈 수 있고, 그 때문에 매수를 포기하면 입찰 보증금을 날리게 된다.

아무튼 임대차 계약을 할 때나 경매할 때나 부동산등기부를 잘 살펴야 하는 이유가 바로 여기에 있다. 임차하려는 주택에 근저당권이 이미 설정되어 있으면 근저당권이 임차권보다 선순위가 된다. 예컨대 임차하려는 주택의 시세가 5억 원인데 근저당권이 1억 원 설정되어 있고 임차보증금이 1억 원이라면 합은 2억 원이다. 이 주택이 경매에 넘어가면 근저당권보다 후순위라도 보증금을 돌려받을 확률이 높다. 낙찰가 2억 원이 넘을 가능성이 높기 때문이다. 그러나 근저당권이 3억 원 설정되어 있다면 그 집을 임차할지 고민하게 될 것이다. 근저당권과 임차보증금의 합이 4억 원으로 주택 시세와 1억 원 차이인데 경매에서는 주택이 시세보다 낮은 가격에 낙찰될 수 있으므로 안전하다고 볼 수 없다. 집주인이 빚을 많이 갚아서 별로 남지 않았다고 해도 믿을 게 못 된다. 근저당은 채권최고액 내에서 다시 대출할 수 있기 때문이다.

이쯤에서 문제를 하나 풀어보자.

A씨는 부동산등기부상으로 깨끗한 것을 확인하고 주택을 임차했다.

2016년 8월 1일에 이사해서 확정일자를 받고, 다음 날인 8월 2일에 전입신고를 했다. 그런데 세 달 뒤 경매 안내장이 날아왔다. 집주인이 대출금을 기한에 갚지 못해 은행에서 근저당을 근거로 그 집을 경매에 붙인 것이다. 분명 임차 계약 당시 등기부에는 근저당이 잡혀 있지 않았는데 웬일인가 싶어 등기부를 떼어보니 8월 2일에 근저당이 등기되어 있는 게 아닌가. A씨는 선순위 임차인일까?

확정일자는 받은 날 효력이 발생했기 때문에 이것만을 기준으로 하면 근저당 등기보다 앞서므로 A씨가 대항요건을 갖춘 시점은 8월 3일 0시이다. 그런데 전입신고는 신고 다음 날 0시를 기점으로 효력이 생긴다. 대항력은 주택의 인도(이사)와 전입신고 중 더 늦은 때를 기준으로 하므로 A씨가 대항요건을 갖춘 시점은 8월 3일 0시이다. 한편 근저당은 등기한 때부터 효력을 갖는다. 이 때문에 전입신고를 한 날과 근저당을 등기한 날이 같을 경우 근저당권자가 선순위권리자가 된다. 이 사실을 알고 나면 임차인은 전입신고를 한 날은 하루 동안 꽤나 신경이 쓰일 것이다. 찜찜하면 며칠 뒤에 등기부를 다시 떼어보자.

3. 소액 임차인의 최우선변제권

임차인이 경매가 진행되는 주택에 대하여 후순위권리자라면 보증금을 잃을 수도 있는가? 그렇다. 억울하지 않은가? 그래서 '주택임대차보호법'에 다음과 같은 규정을 두었다.

> '주택임대차보호법'
>
> 제8조(보증금 중 일정액의 보호) ① 임차인은 보증금 중 일정액을 다른 담보물권자(擔保物權者)보다 우선하여 변제받을 권리가 있다. 이 경우 임차인은 주택에 대한 경매 신청의 등기 전에 제3조 제1항의 요건을 갖추어야 한다.
>
> ② 제1항의 경우에는 제3조의 2 제4항부터 제6항까지의 규정을 준용한다.
>
> ③ 제1항에 따라 우선변제를 받을 임차인 및 보증금 중 일정액의 범위와 기준은 제8조의 2에 따른 주택임대차위원회의 심의를 거쳐 대통령령으로 정한다. 다만, 보증금 중 일정액의 범위와 기준은 주택가액(대지의 가액을 포함한다)의 2분의 1을 넘지 못한다

'제3조 제1항의 요건'이란 앞에서 알아본 대항요건을 뜻한다. 이 조항에 따라 임차인이 후순위권리자라도 대항력이 있고 임차 보증금이 대통령령으로 정한 범위에 있는 소액이라면 일부는 건질 수 있다. 이를 최우선변제권이라 한다. 이렇게 보증금 일부라도 변제받으려면 배당 종기일까지 배당요구를 해야 한다.

법 제8조 제3에서 명시한 '보증금 중 일정액의 범위와 기준은 '주택임대차보호법 시행령' 제10조와 제11조에서 정하고 있는바, 우선변제를 받을 수 있는 임차 보증금 규모와 보증금 보장액은 다음과 같다.

〈'주택임대차보호법'에서 보호하는 소액 보증금 규모와 최우선변제금〉

최선순위 담보권 설정일자	지 역	소액보증금 적용범위	받게되는 소액보증금
1984. 1. 1. ~ 1987. 11. 30.	특별시, 광역시	300 만원 이하	300 만원
	기타지역	200 만원 이하	200 만원
1987. 12. 1 ~ 1990. 2. 18.	특별시, 광역시	500 만원 이하	500 만원
	기타지역	400 만원 이하	400 만원
1990. 2. 19 ~ 1995. 10. 18.	특별시, 광역시	2,000 만원 이하	700 만원
	기타지역	1,500 만원 이하	500 만원
1995. 10. 19 ~ 2001. 9. 14.	특별시, 광역시	3,000 만원 이하	1,200 만원
	기타지역	2,000 만원 이하	800 만원
2001. 9. 15 ~ 2008. 8. 20.	수도권 중 과밀억제권역	4,000 만원 이하	1,600 만원
	광역시(군 제외)	3,500 만원 이하	1,400 만원
	그 외 지역	3,000 만원 이하	1,200 만원
2008. 8. 21 ~ 2010. 7. 25.	수도권 중 과밀억제권역	6,000 만원 이하	2,000 만원
	광역시(군 제외)	5,000 만원 이하	1,700 만원
	그 외 지역	4,000 만원 이하	1,400 만원
2010. 7. 26. ~ 2013. 12. 31.	서울특별시	7,500 만원 이하	2,500 만원
	수도권 중 과밀억제권역	6,500 만원 이하	2,200 만원
	광역시(군 제외) 안산, 용인, 김포, 광주 포함	5,500 만원 이하	1,900 만원
	그 외 지역	4,000 만원 이하	1,400 만원
2014. 1. 1 ~ 2016. 03. 30	서울특별시	9,500 만원 이하	3,200 만원
	수도권 중 과밀억제권역	8,000 만원 이하	2,700 만원
	광역시(군 제외) 안산, 용인, 김포, 광주 포함	6,000 만원 이하	2,000 만원
	그 외 지역	4,500 만원 이하	1,500 만원
2016. 3. 31 ~	서울특별시	1 억원 이하	3,400 만원
	수도권 중 과밀억제권역	8,000 만원 이하	2,700 만원
	광역시(군 제외) 안산, 용인, 김포, 광주 포함	6,000 만원 이하	2,000 만원
	세종시	6,000 만원 이하	2,000 만원
	그 외 지역	5,000 만원 이하	1,700 만원

2016년 3월 31일 이후, 보증금이 1억 원인 서울 소재 주택의 임차인은 이 규정에 따르면 후순위권리자라도 3,400만 원은 돌려받을 수 있다. 보증금이 3천만 원인 임차인은 전액을 돌려받을 수 있다.

그런데 최우선변제금액을 정할 때 고려할 변수가 세 가지 있다.

첫째, 최우선변제금액은 임차인이 이사한 때를 기준으로 정하지 않는 다는 것이다. 근저당이 설정된 시기가 기준이 된다. 그래서 보호받는 보증금 규모와 최우선변제금을 저렇게 1984년도까지 거슬러 올라가 제시해 놓은 것이다. 1984년 이전에는 보증금이 아무리 적어도 보장받지 못했다.

앞의 표를 보면서 다음의 예를 읽어보자. 2016년 4월 1일에 보증금 1억 원을 내고 임차한 주택에 현재까지 살고 있는데, 그 주택이 경매에 넘어간 경우, 경매 신청인이 2016년 3월 30일에 등기한 근저당권자라면 임차인은 보증금 전액을 잃게 된다. 근저당권이 설정된 2016년 3월 30일 당시 소액 보증금 적용 범위는 9,500만 원까지이기 때문이다. 이때 보증금 9천만 원을 내고 임차했다면 그중 3,200만 원은 받을 수 있다. 따라서 주택을 임차할 때는 근저당권 설정 여부와 함께 언제 설정되었는지도 확인해야 최악의 경우 돌려받을 수 있는 보증금 규모를 제대로 가늠할 수 있다.

둘째, 앞에 소개한 법 제8조에서 비롯한다. 바로 3항의 '보증금 중 일정액의 범위와 기준은 주택가액(대지의 가액을 포함한다)의 2분의 1을 넘지 못한다'는 내용이다. 이와 관련해서는 시행령에서 좀 더 자세히 다루고 있다.

경매가 붙은 주택에 소액 보증금을 내고 들어온 임차인이 여럿이어서 그들에게 돌려줄 우선변제 금액을 모두 합했을 때 주택을 매각한 환가대금(주택가액)을 넘는다면 경매를 신청한 채권자에게는 돌아가는 것이 전혀 없다. 그러한 이유로 최우선변제금 총액을 주택가액의 절반으로 한정하는 것을 법으로 정해 두었다.

1998년도 대학 입학을 앞두고 있던 내가 겪은 일이 바로 이 경우에 속했다. 1998년 당시 '기타 지역'의 경우 보장받는 소액 보증금 규모는 2천만 원까지였고 우선변제금은 800만 원이었다. 이 규정에 따르면 나는 보증금 800만 원을 전액 돌려받을 수 있었다. 그런데 그 집에 나를 포함해 다섯 가구가 있었다. 당시 그 집 낙찰가가 5천만 원이었는데 그중 절반인 2,500만 원을 다섯 가구에 사이좋게 나눠준 결과 500만 원을 변제받은 것이다.

'주택임대차보호법 시행령'

제10조 ② 임차인의 보증금 중 일정액이 주택가액의 2분의 1을 초과하는 경우에는 주택가액의 2분의 1에 해당하는 금액까지만 우선변제권이 있다.

③ 하나의 주택에 임차인이 2명 이상이고, 그 각 보증금 중 일정액을 모두 합한 금액이 주택가액의 2분의 1을 초과하는 경우에는 그 각 보증금 중 일정액을 모두 합한 금액에 대한 각 임차인의 보증금 중 일정액의 비율로 그 주택가액의 2분의 1에 해당하는 금액을 분할한 금액을 각 임차인의 보증금 중 일정액으로 본다.

④ 하나의 주택에 임차인이 2명 이상이고 이들이 그 주택에서 가정공동생활을 하는 경우에는 이들을 1명의 임차인으로 보아 이들의 각 보증금을 합산한다.

정리하면 대통령령(시행령)으로 정한 소액 보증금 임차인은 경매에서 후순위권리자라도 보증금 일부를 보전할 수 있다. 이때 보존 여부와 금액은 임대차 계약 시점이 아니라 선순위권리자의 등기 시점을 기준으로 정해진다. 해당 주택에 임차인이 여럿일 경우 보존되는 보증 금액은 줄어들 수 있다.

셋째, 임차권 등기가 끝난 주택을 그 이후에 임차한 경우에는 소액 보증금이라도 우선변제를 받을 수 없다. 이는 다음에서 설명하겠다. 참고로 상가건물 임대차와 관련해서도 비슷한 조치가 있다.

4. 임차권등기명령

임차권등기명령은 임대차 계약이 해지되었는데도 보증금을 돌려받지 못하고 이사를 가게 되면 우선변제권을 상실하게 되어 보증금을 돌려받지 못하는 임차인에게 대항력 및 우선변제권을 유지하면서 임차 주택에서 자유롭게 이사할 수 있도록 하기 위해 시행하는 제도이다.

'주택임대차보호법'

제3조의 3(임차권등기명령) ① 임대차가 끝난 후 보증금이 반환되지 아니한 경우 임차인은 임차주택의 소재지를 관할하는 지방법원 · 지방법원지원 또는 시 · 군 법원에 임차권등기명령을 신청할 수 있다.

② 임차권등기명령의 신청서에는 다음 각 호의 사항을 적어야 하며, 신청의 이유와 임차권등기의 원인이 된 사실을 소명(疎明)하여야 한다.

1. 신청의 취지 및 이유

2. 임대차의 목적인 주택(임대차의 목적이 주택의 일부분인 경우에는 해당 부분의 도면을 첨부한다)

3. 임차권등기의 원인이 된 사실(임차인이 제3조 제1항 · 제2항 또는 제3항에 따른 대항력을 취득하였거나 제3조의 2 제2항에 따른 우선변제권을 취득한 경우에는 그 사실)

4. 그 밖에 대법원규칙으로 정하는 사항

---

③ 다음 각 호의 사항 등에 관하여는 「민사집행법」 제280조 제1항, 제281조, 제283조, 제285조, 제286조, 제288조 제1항·제2항 본문, 제289조, 제290조 제2항 중 제288조 제1항에 대한 부분, 제291조 및 제293조를 준용한다. 이 경우 "가압류"는 "임차권등기"로, "채권자"는 "임차인"으로, "채무자"는 "임대인"으로 본다.

1. 임차권등기명령의 신청에 대한 재판

2. 임차권등기명령의 결정에 대한 임대인의 이의신청 및 그에 대한 재판

3. 임차권등기명령의 취소신청 및 그에 대한 재판

4. 임차권등기명령의 집행

④ 임차권등기명령의 신청을 기각(棄却)하는 결정에 대하여 임차인은 항고(抗告)할 수 있다.

⑤ 임차인은 임차권등기명령의 집행에 따른 임차권등기를 마치면 제3조 제1항·제2항 또는 제3항에 따른 대항력과 제3조의 2 제2항에 따른 우선변제권을 취득한다. 다만, 임차인이 임차권등기 이전에 이미 대항력이나 우선변제권을 취득한 경우에는 그 대항력이나 우선변제권은 그대로 유지되며, 임차권등기 이후에는 제3조 제1항·제2항 또는 제3항의 대항요건을 상실하더라도 이미 취득한 대항력이나 우선변제권을 상실하지 아니한다.

⑥ 임차권등기명령의 집행에 따른 임차권등기가 끝난 주택(임대차의 목적이 주택의 일부분인 경우에는 해당 부분으로 한정한다)을 그 이후에 임차한 임차인은 제8조에 따른 우선변제를 받을 권리가 없다.

임차권등기명령은 임대차 계약 기간이 끝나거나 계약 당사자의 해지 통고로 임대차가 끝난 뒤에 신청할 수 있다. 쌍방 합의에 의해 계약을 해지해도 신청할 수 있다. 보증금을 돌려받지 않았지만 사정상 이사를 하고 나면 기존의 대항력과 우선변제권을 상실해서 보증금을 돌려받기 더 어려워진다. 보증금을 돌려받지 못하고 이사하면 살던 집에 책상이든 의자든 짐을 하나라도 치우지 말고 그냥 두라고 하는 것은 이 때문이다.

임차권등기명령을 하면 임차인은 자유롭게 이사할 수 있다. 보증금 전액뿐 아니라 일부를 돌려받지 못한 경우에도 임차권등기명령을 신청할 수 있다. 임차권등기명령을 하면 대항력과 우선변제권을 유지한다. 정리하면 임대차 계약 기간이 끝나 이사를 하려는데 집주인이 보증금을 내주지 않으면 이사하기 전에 임차권등기명령을 신청하는 것이 안전하다.

이렇게 해서 계약이 끝난 임차인이 이사를 갔다. 욕심 많은 집주인은 앞선 임차인에게 보증금을 돌려주지 않은 상태에서 새 임차인을 들였다. 이 임차인의 운명은 어찌 될 것인가. 그 집이 경매에 부쳐지면 아무리 소액 보증금 임차인이라도 한푼도 못 받는다. 앞선 임차권등기명령이 되어 있기 때문이다. (주택임대차보호법 제3조의 3 제6항)

경매는 채무자의 채무 이행이 이루어지지 않을 때 채권자가 입는 재산상의 손해를 덜고 채무자를 채무 불이행으로 인한 압박과 위법에서 해소할 목적으로 법원에서 진행하는 합법적 절차이다. 그 과정에서 누구는 이익을 보고 누구는 불이익을 당할 수 있다. 그러니 합법의 틀 안에서 자기에게 이로운 것을 찾아가면 억울하게 당할 일을 겪을 일이 없거나 최소화할 수 있다. 그러려면 무엇이 합법이고 아닌지 반드시 알아야 한다.

채 권 계 산 서

사　　건　20○○타경○○○호 부동산강제경매

채 권 자　○ ○ ○

채 무 자　◇ ◇ ◇

　　귀원 위 사건에 관하여 채권자는 위 사건 부동산에 20○○. ○. ○. 전입을 하고 지금까지 거주하고 있는 소액임차인이므로 별지와 같이 채권계산서를 제출하오니 최우선 배당하여 주시기 바랍니다.

첨 부 서 류

1. 전입일자 기재된 주민등록표등본 1통
1. 임대차계약서사본　　　　　　　1통

20○○.　○.　○.

위 채권자 ○○○ (서명 또는 날인)

○○지방법원 귀중

채 권 계 산 서

1. 판결금 : 금 12,000,000원
2. 이자 : 금 ○○○원
　금 12,000,000원×0. ○○×○○○/365일(20○○. ○. ○.부터 20○○. ○. ○.
　여○ ○%)= 금 ○○○원
3. 소계 : 금 ○○○○원(판결금 + 이자)
4. 집행비용 : 금 ○○○원.
　합계 : 금 ○○○○원(3 + 4). 끝.

권리신고 겸 배당요구신청서

사건번호　　타경　부동산강제(임의)경매

채 권 자

채 무 자

소 유 자

　　본인은 이 사건 경매절차에서 임대보증금을 우선변제받기 위하여 아래와 같이 권리신고 겸 배당요구를 하오니 매각대금에서 우선배당을 하여 주시기 바랍니다.

아　　래

1. 계 약 일 :　.　.　.
2. 계약당사자 : 임대인(소유자) ○　○　○
　　　　　　　　　임 차 인 ○　○　○
3. 임대차기간 :　.　.　.부터　.　.　.까지(년 간)
4. 임대보증금 : 전세　　　　　　원
　　　　　　보증금　　　　원에 월세
5. 임차 부분 : 전부(방 칸), 일부(층 방 칸)
　　(※ 뒷면에 임차부분을 특정한 내부구조도를 그려주시기 바랍니다)
6. 주택인도일(입주한 날) :　.　.　.
7. 주민등록전입신고일 :　.　.　.
8. 확 정 일 자 유무 : □ 유(　.　.　.), □ 무
9. 전세권(주택임차권)등기 유무 : □ 유(　.　.　.), □ 무

〔첨부서류〕

1. 임대차계약서 사본 1통
2. 주민등록등본　　1통

　　　　　　　　　　　　　　　　　　　년　·　월　　　일
　　　　　　　　　　　　　　권리신고 겸 배당요구자　　(인)
　　　　　　　　　　　　　　연락처(☎　　　　　　　)
　　　　　　　　　　　　　　지방법원　　　　　　　귀중

[서식] 명도소송장

소　장

원고 : 홍 길 동

서울시 마포구 아현동 ○○○-○○

피고 : 일 지 매

서울시 마포구 아현동 ○○○-○○

우편번호

건물명도등 청구의 소

청 구 취 지

1.피고는 원고에게 별지기재부동산중 별지도면　　　각 점을 순차 연결한 "가" 부분　　　평방미터를 명도하고, 2018.08.16 부터 명도일까지 월금　　　원의 비율에 의한 금원을 지급하라.

2.소송비용은 피고의 부담으로 한다.

3. 위 제1항은 가집행할 수 있다.

라는 판결을 구함

청 구 원 인

1. 원고는 별지기재 부동산에 대하여 부산지방법원으로부터　　　낙찰허가결정을 얻고 (타경　　호 부동산임의경매)　　2018.08.16 경락대금전부를 완납한 소유자입니다.

2. 피고는 별지기재부동산의 별지기재도면 "가"부분 식당 57평방미터에 대하여 소유자(전소유자)와 2018.08.01 임대차계약을 체결한 점유자입니다.

3. 원고는 별지기재부동산의 정당한 소유자로써 피고에게 건물의 명도를 요구하였으나 피고는 임차보증금 및 권리금을 주장하며 건물명도를 거부하고 있습니다.

4. 살피건데, 위 부동산은 최초의 근저당설정등기는 2018.08.16 필하였고 본 근저당권설정으로 인하여 2018.08.16 귀원 경매개시결정으로 담보권을 실행한 물건으로 피고는 2018.08.16 소유자와 임대차계약을 체결하였고 임대기간도 2018.08.16로 종료되었으므로 원고에 대하여 아무런 대항력도 없는데도 불구하고 임차보증금반환 및 권리금을 주장한 채 건멸명도를 거부하고 있습니다.

5. 따라서 원고는 피고에 대하여 피고가 점유하고 있는 별지기재부동산의 별지도 면표시 "가"부분에 대한 건물명도를 구하고 피고가 주장한 임차보증금 금   원에 대하여 차임 월금   원에 대하여 차임으로 산정하여 금   원에 대하여 월 2할의 비율 금   원과 피고가 매월 소유자에게 지급한 금 350,000원 위 합계 950,000원의 임대료 상당의 손해배상금의 청구를 위하여 본 소에 이른 것입니다.

입증방법 및 첨부서류

1. 부동산등기부등본 2통

1. 임대차계약서사본 1통

1. 임대차관계조사서 사본 1통

1. 건축물관리대장 1통

1. 토지대장 1통

1. 위임장

2018.08.16

위 원고 : 홍 길 동 (인)

부동산임의경매신청서

채 권 자 성 명

　　　　　　주 소

채 무 자 성 명

　　　　　　주 소

수입인지
5,000원

청구금액 : 원금　　　　원 및 이에 대한　　　년　　월　일부터 다 갚을 때

까지 연　　% 비율에 의한 금원

경매할 부동산의 표시 : 별지 목록 기재와 같음

담보권과 피담보채권의 표시

채무자는 채권자에게　년 월 일 금　　　원을, 이자는 연　%, 변제기일　년
월　일로 정하여 대여하였고, 위 채무의 담보로 별지목록기재 부동산에 대하여
지방법원　등기 접수 제　　호로서 근저당권설정등기를 마쳤는데, 채무자는
변제기가 경과하여도 아직까지 변제하지 아니하므로 위 청구금액의 변제에 충당
하기 위하여 위 부동산에 대하여 담보권실행을 위한 경매절차를 개시하여 주시
기 바랍니다.

첨 부 서 류

　　1. 부동산등기부등본　　　　　　　　　1통
　　2. 근저당권설정계약서(채권증서 또는 원인증서 포함)사본　1통

　　　　　　　　　년　　　월　　　일

　　　위 채권자　　　　　　　　　(인)

　　　연락처(☎)

　　　　지방법원　　　　　　　귀중

☞유의사항

  이 신청서를 접수할 때에는(신청서상의 이해관계인 + 3) × 10회분에 해당하는 송달료를 송달료수납은행에 현금으로 납부하여야 합니다.

  채권원인서면이란 차용증, 약속어음등 채권의 존재와 금액을 확인할 수 있는 서면을 말합니다.

붙임【목록 양식】

부동산 목록

1. 서울 서초구 서초동 ○○번지
   대 ○○○평방미터(㎡)

2. 위지상
   철근콘크리트조 스라브지붕 주택
   1층 ○○평방미터(㎡)
   2층 ○○평방미터(㎡)

3. 목록(아파트 등 대지권 표시 예)
   1동의 건물의 표시
   서울 서초구 ○○동 ○○ - ○
   ○○아파트 제○○동
   철근콩크리트조 슬래브지붕 ○○층 아파트

   전유부분의 건물의 표시
   건물의 번호 : ○○ - ○ - ○○○
   구   조 : 철근콩크리트조

면   적 : ○ 층 ○○호 ○○.○○평방미터(㎡)

대지권의 표시
토지의 표시 : 1. 서울 서초구 ○○동 ○○ - ○
          대 ○○○○평방미터(㎡)
대지권의 종류 : 1. 소 유 권
대지권의 비율 : ○○○○ 분의 ○○○

붙임【이해관계인 일람표 양식】

순위	이해관계인	성명	주소
	채권자 채무자 소유자 근저당권자 전세권자	○○○ ○○○ ○○○ 주식회사○○은행 김○○	서울 동대문구 ○○○ 서울 광진구 ○○○ 서울 중랑구 ○○○ 서울 서초구 ○○○ 서울송파구 ○○동 ○○

경매, 꾸준하게 도전하라

　내 첫 전셋집은 경매로 넘어갔다. 스무 살 무렵의 일이다. 우여
곡절 끝에 보증금 일부를 돌려받을 수 있었지만 그때부터 경매는
내게 한동안 악몽 그 자체였다. 금융 지식을 쌓아 다시는 소중한
돈을 잃지 말자고 다짐했다. 그 무렵부터 나는 금융기관에 취직하
기를 갈망했다. 대학에 진학한 뒤로 졸업도 하기 전에 금융기관의
직원 모집 공고를 유심히 살폈다. 그때나 지금이나 금융기관의 취
업 문은 좁았다. 지원했다가 떨어지기도 수차례. 대학을 졸업도 하
지 않고 지원한 사람을 누가 어서 오시라 하겠는가. 그런데도 나는
포기하지 않았다.

　한번은 마음에 드는 금융 회사의 구인 광고를 보고 지원했는데
한참이 지나도 연락이 없었다. 또 떨어진 것일까? 그런데 이상하게
오기가 생겼다. 아니, 합격이 되었으면 합격이라고, 설사 불합격되

었더라도 연락은 해줘야 하는 것 아닌가. 나는 막연히 가슴을 졸일 바에야 차라리 찾아가서 물어보는 게 속 시원하겠다 싶어 그 회사를 찾아갔다. 대답인즉슨, 아직 결정을 못했다는 것이다. 그런데 직접 찾아온 지원자가 신기했는지 기특했는지 기왕 왔으니 면접이나 해보자고 했다. 그렇게 그곳은 내 첫 직장이 되었다. 만약 그때 왜 연락이 없는지 원망만 하고 아무 행동을 하지 않았다면 내 삶은 지금과 다르게 전개되었을지도 모른다.

금융기관에 입사한 지 얼마 안 되어 내가 경매에 속수무책으로 당한 이유와 그 해답을 알게 되었다. 최소한 그 집의 '등기부등본'만 볼 줄 알았더라면! 경매가 진행될 집인지, 그런 위험성이 있는 집인지, 경매가 진행되더라도 우리 보증금은 건질 수 있는지 판단할 수 있었을 텐데…. 그것을 가르쳐주는 사람은 아무도 없었다.

하늘이 뜻인지 우연하게도 금융기관에서 나는 대출 심사, 채권 관리, 경매 진행 관련 일을 주로 담당했고, 또 높은 성공률을 기록했다. 부동산 경매 지식이나 관련 법률 지식을 알려주는 사람이 없어서 나 스스로 공부하고 익혀야 했다. 그렇게 십수 년, 지금 나는 부동산 경매와 관련 법률 전문가로 거듭났다.

몸으로 직접 부딪쳐 얻은 경험은 내게 큰 재산이 되었다. 며칠 동안 밤낮으로 가장임차인을 추적하고, 가장유치권자를 배제하고, 자동차를 강제집행하고 인도하기 위해 일주일 넘게 추적하고 그것도 모자라 밤 열두 시에 집행관을 대동해서 강제집행을 하는 등 경매와 관련해서 안 해본 일이 없다. 그 수많은 별의별 경험이 나의 경매 지식, 법률 지식과 결합해 경매 물건을 보는 안목을 한층 키웠다.

꾸준함과 착실함. 사회생활을 잘하는 데 필요한 덕목이다. 이는 경매 세계에서도 통하는 미덕이다. 여러 번 패찰하다 보면 경매가 적성에 맞지 않는다고 포기하기 쉽다. 그러나 꾸준히 하면 언젠가 낙찰에 성공하게 되어 있다. 입찰하고 싶은 부동산을 분석해서 수익률을 산정하는 일은 착실하지 않으면 제대로 할 수 없다. 경매를 하는 목적은 낙찰이 아니라 수익임을 명심하자.

20여 년간 경매를 하며 수익률을 올릴 수 있었던 데는 가족의 도움이 컸다. 첫 집의 전세자금을 마련해주셨던 어머니, 직장생활을 하며 경매하러 물건 보러 다니느라 바빴던 나 대신 가정을 잘 지켜준 아내, 경매할 때마다 내 일처럼 도와주셨던 가족들과 주변 분들에게 감사의 마음을 전한다.

5할 타율 유지하는 안전한 주식투자법!

난생처음 주식투자

이재웅 지음 | 18,000원

**'판단력'만 있으면 주식 투자 절대 실패하지 않는다!
정확한 기업 분석으로 적금처럼 쌓이는 주식 투자법!**

쪽박에 쪽박을 거듭하던 저자가 전문 주식 투자자가 되기까지! 저자가 터득한 가장 효과적인 공부법과 이를 바탕으로 실전에서 활용할 수 있는 효과적인 투자 노하우를 담은 책이다. 1장에는 저자의 생생한 투자 실패담과 많은 주식 투자자들이 실패하는 이유에 대해, 2장에는 주식 투자에 밑바탕이 되는 기본지식 공부법과 습관에 대해 설명한다. 그리고 3장부터 본격적으로 주식 투자에 필요한 용어 설명, 공시 보는 법, 손익계산서 계산법, 재무제표 분석법, 사업계획서 읽는 법, 기업의 적정 주가 구하는 법 등 투자에 필요한 실질적인 노하우를 6장까지 소개하고 있다. 마지막 부록에는 저자가 실제 투자를 위해 분석한 기업 7곳의 투자노트가 담겨 있다.

토지 투자 하기 전 꼭 알아야 할 모든 것

난생처음 토지 투자

이라희 지음 | 18,000원

**토지 투자 초보도 100배 수익 내는 법
절대 실패하지 않는 토지 투자의 A to Z**

30대 돈이 절박한 시점에 우연히 토지 투자를 알게 된 저자가 단돈 1,000만 원으로 토지 지분투자를 시작해 1,000% 수익률을 올리며 부동산 업계에 유명인사가 되었다. 땅 한 평 없던 저자가 토지 투자로 수십 배의 수익을 올리기까지! 저자가 터득한 나의 자금대에 맞는 토지 투자법과 3~5년 안에 3~5배 수익을 내는 법, 이를 바탕으로 실제 적용할 수 있는 투자 노하우를 담은 책이다. 초보자도 할 수 있는 쉽고 안전한 토지 투자 방법이 담겨 있는 이 책에서 저자는 누구나 적은 돈으로 시작할 수 있는 토지 투자 방법들을 알려주며, 눈여겨볼 투자 지역, 오를 지역을 알아보는 법 등을 차근차근 설명해준다.

**목돈 만들기
주식투자
플랜!**

밀리언 달러 베이비 프로젝트

조영환 지음 | 14,800원

**우리 아이의 미래를 위한 경제 고민 해결법!
평범한 보통 아빠의 우리 아이 주식부자 만들기**

아이를 가진 대한민국의 평범한 보통 부모의 경제적 고민을 해결하
기 위해 약 200억 원 규모의 자금을 관리하는 저자가 소액으로 매
달 꾸준히 실천할 수 있는 현실적인 주식 투자 방법을 알려주는 책.
'밀리언 달러 베이비 프로젝트'는 출생 직후부터 서른 살까지, 아이
용돈, 아낀 사교육비, 자투리 동전을 모아 소액으로도 목돈(종잣돈)
만들기가 가능한 초장기 주식투자 플랜이다. 큰돈을 물려줄 여력이
없는 보통 아빠도 아이의 이름으로 주식을 사면 내 아이의 미래에
날개를 달아줄 수 있다.

**돈 걱정 없이
사는 우리 집
재테크 노하우!**

내 가족을 위한 돈공부

이재하 지음 | 13,800원

**"돈 공부를 시작하면, 가정과 자녀의 미래가 달라진다!"
주식, 부동산으로 재테크 달인이 된 세 아이 아빠 이야기**

보험사의 FC이기도 한 저자는 수많은 부자를 직접 만났고, 또 금융
상품을 알아보러 온 부자가 되고 싶어하는 수많은 평범한 사람도 만
나봤다. 그러자 부자는 왜 부자가 되었고, 가난한 사람은 왜 가난한
지 알게 되었다. 그 차이는 오직 돈에 대한 원칙이 있느냐 에서 비롯
되었다. 저자는 특히 평범한 사람은 부자가 될 수 없다는 비관론에
속지 말 것을 당부하며, 누구나 적은 돈으로 시작할 수 있는 부동산,
금융상품 보험 주식 등 돈이 돈을 불리는 시스템에 대해서 기초부
터 차근차근 설명해준다. 특히 이 책의 꽃은 자녀에게 어떻게 돈에
대해 가르치고, 가족이 돈 공부를 공유할 것 인지를 알려주는 부분
일 것이다.

신동휴의 경매 아카데미

부동산 경매 투자를 쉽게 체계적으로 알려주는 6주 과정

1. 강의 내용

주	시간	강의계획
1	3	경매 및 수익률 실전사례
2	3	부동산 경매의 흐름 및 실전 가능한 권리분석
3	3	실전 가능한 권리분석 및 실습
4	3	실전 가능한 권리분석 및 실습
5	3	쉬운 명도 이해하기
6	3	법원 방문 및 현장 학습
합계	18시간	

2. 강의대상

· 초보자 및 부동산경매에 관심이 있는 분

· 부동산 경매로 내 집 마련 및 재테크로 성공하고 싶은 분

· 꾸준한 임대수익 창출로 경제적 자유를 누리고 싶은 분

3. 교육 장소 및 일정 문의

·네이버 카페 신동휴교수의 경매아카데미
        (http://cafe.naver.com/edauction)

·블로그   http://blog.naver.com/shinace